講談社選書メチエ
692

暗号通貨の経済学

21世紀の貨幣論

小島寛之

MÉTIER

序章　暗号通貨が世界を変える

ネット上のお金、ビットコイン

ビットコイン（Bitcoin）は、ネット上に置かれ、ネット上で取引され、ネット内で流通するお金です。リアルな世界での実体を持たない、単なるデジタル情報にすぎません。そんな単なる「数字」にすぎないビットコインが、各国の通貨と交換され、また、実物商品を購入することにも使えます。これは、いったいどういうことなのでしょうか？

ビットコインは、二〇〇八年にサトシ・ナカモト（Satoshi Nakamoto）なる人物がウェブ上に公開した論文によって、初めてその可能性が示唆され、二〇〇九年に現実に運用が開始されました。サトシ・ナカモトは、匿名です。この人ではないか、と噂されている人物や、自分だと名乗り出た人物もいるようですが、今のところ、真偽のほどは不明です。

現在では、ビットコインの時価総額（全部買い取るのにいくらかかるか）は、変動はあるものの、数兆円のオーダーに達しており、経済に実質的な影響を与えるまでになっています。

ビットコインが、これまでの紙幣やクレジットカードや小切手、あるいはスイカなどの電子マネーと大きく異なる点が二つあります。第一は、ブロックチェーンというネット上の新技術を使っていること。第二は、ブロックチェーンの管理・運営が、ネットワークに参加している全員によって、分権的に行われていることです。

分権的な集団管理

ビットコインは、ブロックチェーンと呼ばれる方法で成立しています。ブロックチェーンとは、その名の通り、ブロックが鎖状に連なったデジタル情報です。各ブロックは、取引の記録となっており、それを鎖状に繋げることで、最初から現在まですべての取引の記録になります。これは商業の世界では、「台帳」と呼ばれます。したがって、ブロックチェーンは、「分散型台帳技術」とも呼ばれています。

ここで「分散型」というのは、ブロックチェーンが多くのネットユーザーによって、手分けして、集団的に管理されていることを意味しています。「分散型」の反対は、「集権型」です。台帳において「集権型」とは、ある権威的組織が、その信用と責任を持って取引を管理することです。それに対して、「分散型」というのは、そういう中央集権的な権威に頼らずに、台帳を管理できることを意味しています。

ブロックチェーンを分権的に運営することを「P2P」と呼びます。これは、ピア・ツー・ピア（Peer to Peer）の略語です。ピア（peer）という英語は「対等な人」を意味し、ピア・ツー・ピアは「ネットワークの参加者が対等の関係で結ばれ、集合的に管理するシステム」を表す言葉です。つまり、ネット上のコミュニティの参加者同士で「分権的」な運営がなされる仕組みということなのです。

分権的な管理は、どうして可能になったか？

これまで、お金を社会で成立させるには、何らかの権威が必要でした。大本となるのは国家です。お金は国家が発行し、保証します。他方、銀行もお金を生み出すことができます。銀行がお金を貸し、それが預金通帳に数字として印字されると、その数字はお金と同じ役割を果たします。これは銀行がお金を発行することと同じで、「信用創造」と呼ばれます。

国家や銀行にお金の発行が可能なのは、社会で信頼を得ているからです。通常、これらの機関は、破綻せず、欺すこともなく、最後まで責任を持つことを市民が信用しています。その信用を背景にして、お金が流通できるのです。

このように、お金にはなんらかの集権的な権威が必要でした。それでは、なぜ、権威の後ろ盾がないブロックチェーンがお金として流通できるようになったのでしょうか。それは、ブロックチェーンが信用の問題を、中央集権なしに解決できたからに他なりません。

ネット上のお金が可能となるためには、少なくとも次の問題群を解決しなければなりません。

(1)現在の所有者が誰かを明確にすること
(2)受け渡しの事実が明確であること
(3)偽造できないこと
(4)二重利用を防ぐこと

サトシ・ナカモトの提唱したビットコインは、これらをブロックチェーンという技術によって解決したのです。詳しくは、第1部で解説しますので、ここでは簡単に説明するだけにします。

ブロックチェーンは、偽造することが非常に困難です。それは、多くのネットユーザーによって、集団管理されているため、すべての人の情報を書き換えることができないからです。通常のお金は、それをポケットに入れている人が保有者ですが、ネット上のお金は誰のポケットにも入っていませんから、誰が所有者かはっきりしません。誰でも自分のものだと名乗ることができます。ブロックチェーンではこの問題を、数理暗号による署名で解決しているのです。

もうひとつ、重要な問題があります。通常のお金は、ある人にそれを渡せば、他の人には渡せません。しかし、ネット上のお金は、同時に二人の人物に支払うことが可能となります。どちらの人物もネット上でデジタル情報としてのお金を確認することができるからです。ブロックチェーンでは、この問題も上手に解決しています。お金の受け渡しは、ブロックが鎖状に連なることによって記録されていくのですが、その鎖が途中で二つに分岐できないような仕組みが作られているのです。これを可能にしたプルーフ・オブ・ワークという経済学的な知恵についても、第1部で詳しく解説します。

暗号通貨はどんな革命を起こすのか

ネット上に流通するお金のことを一般に「暗号通貨」と呼びます。日本では「仮想通貨」（virtual currency）と呼ばれることも多いですが、これはスイカなどの電子マネーからアマゾンや楽天などのロイヤリティ・ポイント、ゲーム内でのお金までを指す言葉です。電子化（デジタル化）されたお金のうち、暗号化技術を応用したものは、「暗号通貨」（crypto currency）として区別されます。本書で扱うのはこの暗号通貨です。

ビットコインは暗号通貨の代表的な存在です。暗号通貨は、社会にどんな新しい変革をもたらすのでしょうか。

重要なのは、前節で説明したように、暗号通貨が分散的、言い換えると非中央集権的に管理される、という点です。したがって、お金に特別な権威や信用は不要となります。このことは、社会を根本から変える可能性があります。

お金をつかさどることができるのが国家や銀行などであることは、それらに特別な権限を与えました。国家の銀行である中央銀行は、お金を発行し、その流通量をコントロールすることができます。それで、国家は政治力を行使することができます。銀行は利子収入を得ることができます。しかし、もしも暗号通貨が主要なお金となれば、これらの特権は失われることになります。国家はお金による社会のコントロールが不可能になり、銀行は収益を得る手段の主要部分を失います。

これは、社会の重要な変革です。市民は国家権力から一部自由になりますが、逆に、国家が社会の安定を保証しなくなります。銀行も、これまでのような安泰な業種ではなくなるでしょう。

もうひとつ、重要な観点があります。それは、暗号通貨が簡単に国境を越えることができる、という点です。暗号通貨は、単なるネット上のデジタル情報であり、インターネットは世界中を高速でつないでいるから、国境という障壁は無意味になるのです。お金に国境がなくなることは、世界のあり方を抜本的に変える可能性があります。

これらのことを理解するには、お金がどんな役割を果たしているかをわかることが必要です。お金の役割については、第2部で詳しく解説します。

ブロックチェーンは社会をどう変えるのか

ブロックチェーン技術の使いみちは、暗号通貨に限りません。さまざまな応用が可能です。

ブロックチェーンの本質は、ネット上のデジタル情報であるにもかかわらず、改ざん不可能で、全記録について真性が保証される、という点にあります。これは、ネット上のお金を生み出すだけに留まらず、他にも多くの応用ができるのは想像に難くありません。

実際、ブロックチェーンを応用したコンテンツが発明されつつあります。作曲者や演奏者が保証された音楽配信、電気の売買、不動産の管理など、さまざまな契約をプログラム化する「スマート・コントラクト」です。ブロックチェーンの技術は、ビジネスのあり方を大きく変え、これまでの特権を破壊し、新たなアイデアを考え出した者に大きなチャンスを与えるでしょう。

また、コミュニティのあり方にも影響があります。例えば、なりすましが不可能でありながら匿名で参加できるSNS掲示板が可能となります。ネット上での選挙投票も試み始められています。二〇一七年から日本で問題になった、官僚による公的文書の改竄《かいざん》不正なども、ブロックチェーンを利用すれば簡単に防ぐことができます。

とりわけ、閉鎖的・管理的な政治制度を持った国の市民には、希望の光をもたらすでしょう。安全な言論のチャンスが与えられるからです。ブロックチェーンを利用すれば、匿名を完璧に担保した上で、自由に世界に情報や意見を発信することができます。これは、世界の政治的構図、地政学的な問題に大きな影響を与えるはずです。

このようにブロックチェーンは、これまでの社会とは異なる、新しい社会の仕組みを生み出す可能性を秘めています。あと十数年の間に、人間社会に抜本的な変化が起きることになるでしょう。

オープンソースvs.プロプライエタリ

暗号通貨やブロックチェーンを考える上で、注目すべき観点がもう一つあります。それは、「オープンソースvs.プロプライエタリ」という観点です。

プロプライエタリ（proprietary）とは、「所有者」を意味する言葉です。したがって、プロプライエタリ・ソフトウェアというのは、私有ソフトウェアのことで、開発者が利用に関して制限を作っているソフトウェアです。マイクロソフト・オフィスやｉＴｕｎｅｓなど、多くのソフトウェアはこれに該当します。

他方、オープンソース（open source）・ソフトウェアとは、プログラムが公開され、その利用が自由になっているソフトウェアのことです。サトシ・ナカモトのビットコインは、典型的なオープンソースです。彼の論文にある仕組みは、誰でも無料で利用することができます。

有名なオープンソース・ソフトウェアとしては、理系の学者が論文作成に利用するテフ（ＴｅＸ）というものがあります。これは、ドナルド・クヌースという数学者が作成し、自由に利用したり改変したりできるものとして公開したソフトです。現在、世界中の学者が利用しています。また、多くのチェスソフトや将棋ソフトが、オープンソースとして公開されています。

オープンソースの利点は、誰もが無料で利用・改変できるため、急速に進化することです。テフは、新しい数学記号がどんどん追加され、使い勝手がよくなっています。ほとんどの理系分野の論文投稿はテフでなされています。また、チェスや将棋では、非常に強いソフトが作成され、もう人間では、たとえ名人やチャンピオンでも勝てないほどになっています。

ブロックチェーンの分散型という考え方は、オープンソースのソサエティと親和性が高いです。そもそもサトシ・ナカモトの論文がオープンソースとして公開されたことでも、それがわかります。オープンソースは、急速に進化し急速に広まる、という特徴を持っています。他方では、利潤排除的という特徴も備えています。この二点から、市民が共有する資本（社会的共通資本と呼ばれる［文献3］）となり得ます。ブロックチェーンを社会的共通資本と見なすことも、重要な視座を与えてくれることになるでしょう。

フィンテックとゲーム理論的な金融取引

金融取引、すなわち、トレーディングの世界でも、新しい波が起きています。インターネットや人工知能（ＡＩ）を利用した金融サービスや金融取引が進んできています。それらを総称して、フィンテック（Fintech）と呼びます。これは、金融（Finance）と技術（Technology）を合わせた造語です。

フィンテックの代表的なものに、モバイル決済があります。現在、電車の乗車料金やコンビニでの買い物の支払い、動画コンテンツなど、多くのサービスに対する支払いがスマホでできるようになっています。また、入力するだけで自動的に計算してくれる会計システムなども販売されています。これらは、多くの専門的な業種で、人員削減に貢献するでしょう。

三菱ＵＦＪフィナンシャル・グループは、ブロックチェーンを利用した独自の暗号通貨を発行することを発表しました。銀行が暗号通貨に接近する試みです。

最近の金融市場では、人工知能を利用した金融取引が主流です。例えば、高頻度取引（ＨＦＴ）と呼ばれる取引などです。これは、ＡＩによって、高確率で儲かる取引の仕組みを発見し、ナノ秒で取引を成立させるような方法です。このような金融取引は、多分に戦略的であり、数学的にはゲーム理論の範疇に属します。ブロックチェーンとゲーム理論の関係については、第3部で詳しく論じます。

本書では、ＩＴとＡＩを利用した新しい金融についても触れます。

ブロックチェーンの文化論

以上、ブロックチェーンには、経済学的、社会学的、政治学的、情報学的、ゲーム理論的、などさまざまな観点からアプローチが可能であることが伝わったことと思います。本書では、これらの観点から、ブロックチェーンのメカニズム・可能性・文化論を展開していきます。

ブロックチェーンは非中央集権的な社会を実現する可能性があります。また、国境を消滅させるかもしれません。自由で利便的な社会的共通資本を生み出すのと同時に、新しい政治的混乱の源となる可能性も否めません。

では、このとてもエキサイティングな技術世界への探索に向かいましょう。

暗号通貨の経済学◉目次

3 ブロックチェーンのゲーム理論

1

ビットコインとブロックチェーンの仕組み

第1章　暗号はいかにしてお金になるか

ネット上のお金、ビットコイン

序章で述べた通り、ビットコインとは、二〇〇九年頃からネット上で取引され、流通するようになったお金です。二〇〇八年にサトシ・ナカモトなる人物がウェブ上に公開した論文によって実用化されました。サトシ・ナカモトは匿名で、この論文の前にサイファー・パンクと呼ばれるウェブ上の(metzdowd.com という)ソサエティに属していたことはわかっていますが、個人なのかグループなのかさえわかりません。日本名を名乗っていますが、筆者は英語圏の人ではないかと憶測しています。論文の英語がネイティブのものに思われるからです。

ウェブ上のお金を作るのに不可欠なこと

ウェブ上のお金と通常のお金とを区別するために、本書では、後者を一貫して「リアル・マネー」

と呼ぶことにします。

ウェブ上のお金には、リアル・マネーに生じない問題がいくつも生じます。ナカモトの論文は、その点を実に緻密に検討して解決してあります。この解決のためには、単に、ネット上のプログラミングの技術に堪能であるばかりでなく、「お金とは何であるか」という経済学的な問題をも深く思考しなければなりません。このことから、サトシ・ナカモトという人物（あるいはグループ）が、非常に高度な知的能力を備えていることが推測できます。

序章で、ネット上のお金が可能となるためには、少なくとも次の問題群を解決しなければならないことを述べました。

(1)現在の所有者が誰かを明確にすること
(2)受け渡しの事実が明確であること
(3)偽造できないこと
(4)二重利用を防ぐこと

よく考えると、次の二つの観点も付け加えることができます。

(5)簡単には発行できないこと

(6)それがお金であると多くの人が信じること

ビットコインは、これらを巧妙な技術的工夫によって突破しています。それらの工夫はすべて「数学的」（専門的に言うと、チューリング機械に受理できる）言語で記述され、それゆえ「プログラム可能」であることがポイントです。仕組みを理解してみると、「よくこんなことを思いついたものだ」と、思わずうなることでしょう。以下、順次解説していきます。

現在の所有者をどう証明するか

ネット上の情報というのは、デジタル情報（0と1の並んだ2進法の数字）なので、簡単にコピーして偽造することができます。ネット上のお金に対しては、これを防ぐことが最も重要になるのは言うまでもありません。

例えば、匿名の誰かがビットコインの所有者になりすますことができます。ビットコインは、ネット上にアップロードされている単なる数字ですから、それを自分のものと吹聴することは誰にでも可能だからです。このような「なりすまし」を防ぐのが、数理暗号技術を用いた「電子署名」です。電子署名とは、簡単に言えば、Aさんが書いた文章を「確かにAさん自身が書いた」と証明できる署名（サイン）のことです。

リアル世界での書類では、手書きでサインをすれば、筆跡によって書き手をある程度保証することができます。しかし、ネット上での文字情報は単なるデジタル信号なので、自筆サインのようなことができないし、仮にできたとしてもコピペでなりすましができてしまいます。したがって、ネット上での自己証明は非常に困難です。この不可能に見える自己証明を可能にしたのが電子署名なのです。電子署名には、「公開鍵暗号」という特殊な暗号が使われます。

公開鍵暗号のざっくりした説明

公開鍵暗号をおおざっぱに説明しましょう。公開鍵暗号にはＲＳＡ暗号や楕円曲線暗号などがありますが、基本的な原理はどちらも次のとおりです。なお、詳しい原理は、補足の章で解説します。

公開鍵暗号とは、暗号化するための鍵と、暗号を解く（復号という）ための鍵とが違っているような暗号です。ここで「鍵」というのは、「数を別の数に変換する仕組み」のことと理解してください。「鍵」という言葉は、昔の暗号において「換字式」という方式が使われていたことに由来します。換字式というのは、文章中の文字を一定の規則で別の文字に置き換えることを言います。例えば、「あ」→「い」、「い」→「う」、……「ん」→「あ」のように、順番を一個ずらすなどがそれです。このような換字式暗号は、ずらし方の規則を見破れば解読することが可能になります。

公開鍵暗号は、この換字式暗号の弱点を解消する工夫がほどこされたものです。どうやって解消するかというと、暗号化の規則を非常に複雑にすることで、元に戻すことを不可能にしたのです。さらに、復号のためには、暗号化と異なる規則を用います。

今、暗号化の鍵をf、復号の鍵をgと記します。大事なことは、gはfを逆向きに使う方法ではない、ということです。その上で、暗号化したい内容を変換したもの（デジタル情報）をxとし、xを鍵fで変換した数をyとします。このyが暗号です。

数x→（鍵f）→数y

この鍵fは、換字式のようなわかりやすい規則で作られるものではないので、鍵fを知っていても、yをxに戻すことはできません。yをxに戻すには、鍵fとは全く異なる鍵gを使わなくてはなりません。鍵gで暗号yを変換すれば、元の数xに戻ります。

数y→（鍵g）→数x

このように、鍵gが復号の鍵となるわけです。

さて、AさんがBさんから暗号化した文章を送ってもらう場合を考えます。言い換えると、AさんはBさんからの文章を、第三者が手に入れても、その内容がわからないようにしたいわけです。このときAさんは、暗号化して欲しい文章を作るBさんだけでなく、世の中の全員に鍵fを公開してしまいます。それで鍵fは「公開鍵」と呼ばれます。これによって、Aさんと鍵fの対応関係ができるので、公開鍵fはいわばAさんのＩＤ、マイナンバーのような役割を果たすわけです。

一方でAさんは、復号の鍵gは自分だけの秘密にしておきます。それで鍵gは「秘密鍵」と呼ばれます。最も重要なポイントは、公開鍵fから秘密鍵gを直接知ることが不可能だということです。したがって、公開鍵fを使って作った暗号yをBさんがネット上に公開して、誰もが読めるようにしてさえも、それを解読して（復号して）xに戻せるのは、復号の秘密鍵gを知っているAさんだけなのです。

そういう意味で、公開鍵暗号は、現在のところ難攻不落の暗号です。実際、インターネット上のパスワードには公開鍵暗号が利用されており、高い安全性が保たれています。

電子署名でビットコインの所有者を証明できる

公開鍵暗号の利便性はもう一つあります。公開鍵と秘密鍵とに互換性があることです。デジタル情報xを公開鍵で暗号化したものをyとすると、yを秘密鍵で復号することができると、先ほど説明しました。すなわち、

数x→（公開鍵f）→数y→（秘密鍵g）→数x

ということです。実は、鍵の順番を入れ替えても同じことができるのです。デジタル情報aを秘密鍵gで変換したものをbとすると、デジタル情報bを公開鍵fで変換すれば、元のaに戻るのです。すなわち、

数 a →（秘密鍵 g）→数 b →（公開鍵 f）→数 a

ということです（どうしてこれが成り立つかは、補章で説明します）。

ここで大事なのは、秘密鍵 g を知っているのはAさんだけですから、数 a を数 b に変換できるのはAさんだけ、という点です。一方で、公開鍵は公開されているので、数 b を数 a に変換することは誰にでも可能なのです。

電子署名とは、この原理を使ったものです。

まず、Aさんは自分のハンドルネーム（ネット上に公開している自分の名前）をデジタル情報 a として表現します。そして、秘密鍵 g で数 b に変換します。その上で数 b をネット上に公開するのです。ネットに参加している誰もが数 b を公開鍵 f で数 a に戻すことができますが、数 a を数 b に変換できるのは秘密鍵 g を知っている人だけなので、数 b を作った人はAさんに他ならない、とわかるわけです。この数 b のことをAさんの電子署名と言います。

公開鍵暗号は、このように公開鍵をネット上に公開して使うことができるので、P2Pシステムでは大きな効能を持ちます。ビットコイン取引の参加者は誰もが、公開鍵によって、Aさんの電子署名をAさん自身のものと確認することが可能となるのです。

ビットコインでは、各ブロック（台帳）にその時点までに誰が誰にコインを譲渡したかが記録されています。そして、最後のブロックには現時点でのビットコインの所有者の電子署名がなされています。その署名をできる人は、そのハンドルの人物だけなので、最後のブロックにおける電子署名の人物が、ビットコインの実際の所有者だと証明でき、そのことを誰もが簡単に検証できるのです。

受け渡しが明確化できる

ビットコインは、ブロックチェーンという形式で取り扱われます。ブロックチェーンとは、取引の履歴を最初から現在まで完全にもれなく記録したデジタル情報のことです。取引がブロックで、それを鎖状につなぐのでブロックチェーンと呼ばれます。商業における「台帳」を思い浮かべればよいでしょう。

ブロックチェーンには、「ハッシュ化」と呼ばれるデジタル情報の圧縮技術が使われます。ハッシュ化については、少し後で説明しますが、簡単に言えば、2進数のデジタル情報をかき回した上で圧縮し、別の2進数に置き換えたものです。コインの引き渡し者は、それまでコインのたどってきた全取引内容をハッシュ化した数値と、受け取り者の公開鍵をハッシュ化した数値とを合わせて、さらにそれに秘密鍵（前節のg）で暗号化された自分のハンドルネームを電子署名します。そして、それを受け取り者に送信します。

ナカモトの論文では、次のような図で仕組みを説明しています（図1－1）。

ここで左側の「ブロック1」と書かれている四角と、右側の「ブロック2」と書かれている四角が、それぞれブロックチェーンを構成するブロックです。そして、このようなブロックを図中のよう

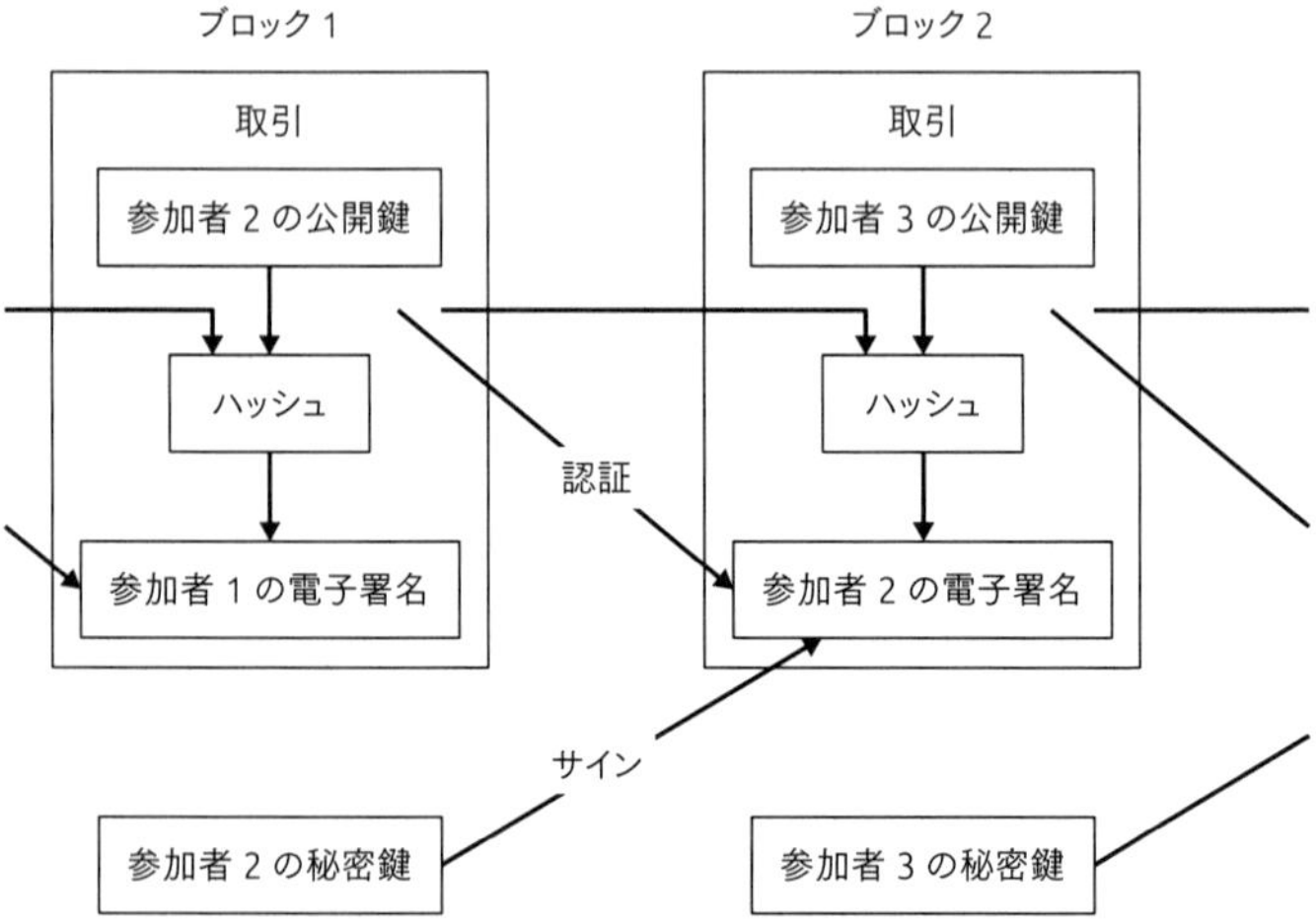

図1-1　ブロックチェーンの構造

に矢印でつないで鎖状にしたものの全体がブロックチェーンとなります。

右側のブロック2は、参加者2のビットコインが参加者3に手渡された取引を表しています。参加者2は、ブロック1までのブロックチェーンに、参加者3の公開鍵を書き加えて、それをハッシュ化した数値を作ります。そして、その数値のあとに、自分の電子署名をサインします。これによって、参加者2から参加者3へのビットコインの受け渡しは成立し、ブロックが一つ延びることになります。参加者3をはじめとする誰もが、ブロック1に書き込んである参加者2の公開鍵を使って、ブロック2の電子署名を解読すれば、ビットコインの所有者が参加者2であると確認することができます。

このプロセスを繰り返し、チェーンをつなげていくことが、ビットコインが人から人へと渡る「流通」となるわけです。

履歴の圧縮＝ハッシュ化

リアル・マネーとの大きな違いは、「それまでの取引すべての記録そのもの」がビットコインと定義されていることです。一枚のリアル・マネーは単なる一枚の紙切れであり、それまで誰の手を渡ってきたかという、取引の履歴は明示されていません。それは、紙幣そのものに、それが正真正銘のお金であると信じるに足る何かがあるから可能なのです。一方、ネット上の情報というのは、単なるデジタル情報であり、コピペによって誰でも簡単に作り出せてしまうものです。したがって、それが正真正銘のビットコインであることを証明するには、冒頭からの全履歴を示すしかありません。また、その履歴が捏造《ねつ》されたものでないことを信じさせる何かも必要になります。

ただし、取引が進むうち、取引の履歴（ブロックチェーン）の情報量が膨大になってしまいます。それでビットコインでは、「ハッシュ化」という技術を使って、情報量を一定に保ちます。このハッシュ化の技術によって、ビットコインの履歴がどんなに長くなっても、デジタル情報が巨大になって、取引の通信が重たくなってしまうことを避けられるのです。

もちろん、ハッシュ化は圧縮なので、情報量が保たれなくなります。なので、圧縮していないブロックチェーンそのものはP2Pの参加者全員で管理します。しかし、いちいちブロックチェーンそのものにアクセスすると、操作が重たくなるので、簡易的な確認にハッシュ値を利用するのです。

偽造させない仕組み

前節では、デジタル情報の圧縮にハッシュ化という方法を使うことを説明しました。ハッシュとは、デジタル情報（契約などを書いた文章を数値化したものなどをイメージすればよい）を、特殊な関数を使ってかき回した上で圧縮する技術のことです。ハッシュ化の重要な性質は、元の情報が一文字でも変わると、ハッシュ化された数値は元とまるで似ても似つかない数値となってしまう、ということです。したがって、偽造したデジタル情報を使ってブロックチェーンの偽物を作ることが全く不可能になるのです。

もう少し詳しく説明しましょう（さらに厳密な説明は補章にあります）。ハッシュ化を、

情報→ Hash →数値

と記すことにします。

ハッシュ化は、公開鍵暗号と同じく、「簡単な仕組みで、数値をかき回して別の数値を作り、他方、かき回された数値を元の数値に戻すのは至難の業」という性質を備えています。すなわち、数値 a を、a → Hash → a' と数値 a' に変換するのは簡単だけど、数値 a' を数値 a に戻すのはとんでもなく困難、ということです。

公開鍵暗号との違いは、ハッシュ化はデジタル情報を一定のビット数（ケタ数と思えばよい）に圧縮する、という点です。ハッシュ化はどのデジタル情報も一定の情報量に圧縮するので、異なるデジ

タル情報に対し同じハッシュ値が生成されることはあり得ます。つまり、a_1→Hash→a'かつa_2→Hash→a'となる異なるデジタル情報a_1とa_2が存在できるわけです。これは偽造の余地を作るように思えますが、そうではありません。ハッシュ化は、似た情報xとyとが遠いハッシュ値になるように「情報をかき回す」ことをするからです。すなわち、$x \fallingdotseq y$であったとして、x→Hash→x'、y→Hash→y'としたとき、x'とy'は似ても似つかない数値になるのです。

ハッシュ化すると、情報量が減少してしまうので、ブロックチェーンの全履歴を保存できていません。したがって、ハッシュ化とは別に、全履歴の情報もきちんと管理される必要がありました。それを実現するのは、参加者全員で共有的に記録しておき、必要なときだけ参照する、というP2P（ピア・ツー・ピア）の仕組みです。

二重利用を防げるアイデアとは

ビットコインに限らず、商取引で常に問題となるのは、「二重利用」です。二重利用というのは、取引の対象となるお金や貴金属や品物を一つしか所有していないにもかかわらず、複数の人に同時に取引を持ちかけ、詐欺にかけることです。例えば宝石の販売において、二人の人物に購買を打診し、先にお金を受け取ることができれば、二重利用は可能です。しかし、宝石とお金の同時交換をするなら、二重利用による詐欺は避けることができます。ドラマで、マフィア同士が麻薬とお金を交換するとき、互いに同時にアタッシュケースを引き渡すシーンなどが描かれますが、これは二重利用を避け

```
A—B—C—D—F—G—H
      |
      E
```

るためですね。

時間差が存在せざるを得ない取引では、何らかの権威が仲介することによってリスクを回避します。例えば、クレジットカードでの支払いには時間差が生じますが、信販会社が間に入って、支払人の信用を担保します。支払いを怠るリスクには、信販会社に支払う手数料によって保険がかかっているわけです。

小切手による取引では、約束したお金を期日までに払わない場合、発行者が銀行取引停止という罰則を科せられることで、一定の信用性を担保しています。

しかし、ネット上のお金・ビットコインの場合、同時双方向的な取引が難しく、また匿名も可能であるため、信用を担保することが非常に困難です。もちろん、信販会社や銀行のような権威による仲介を使えば、通常の取引と同じ信用の担保は可能になるのですが、ビットコインの発明者であるナカモトは、このような中央集権的な権威に頼らない「信用の担保」を考え出したところがすごいのです。ビットコインでは、プルーフ・オブ・ワーク（Proof-of-Work；ＰｏＷ）という仕組みで二重利用を防ぎます。

プルーフ・オブ・ワークという経済学的仕組み

プルーフ・オブ・ワークは、日本語では「演算量証明」と呼ばれます。しかし、ネットなどでは、ＰｏＷと呼ばれているので、本書でも、そう呼ぶことにします。

ビットコインは、コインの所有者を過去からの所有順に並べてA、B、C、D、……とした場合、各取引のブロックをチェーン状につないだ、A－B－C－……というグラフとなります（離散幾何的グラフと呼びます）。もしも、Dが二人に同時に取引を持ちかけると、チェーンはブロックDにおいて上図のように二手に分岐することになります。

こうなったときの対策として、ビットコインでは、P2Pの仕組みを利用して正しい枝を一方に決めてしまうのです。その決定は、以下のような手続きで行われます。

ブロックチェーンにおいて新たな取引が申請されると、新たなブロックが生成されることになりますが、それを実行するのは「採掘者《マイナー》」と呼ばれるP2Pの参加者たちです。彼らは、平均で一〇分ほどかかる問題を競って解き合います。

ここで問題解きとは、具体的には、整数を入力するとそれが秘密の情報aと合体してハッシュ化されるようなプログラムに、適当な整数を入力して「解」を探すことです。喩えてみれば、スロットマシンのレバーを引いて、ランダムな数字の列を生み出すようなものです。

ここでいう「解」とは、ハッシュ値の冒頭nケタが0となるような整数xのことです。つまり、

$$(x, a) \rightarrow \mathrm{Hash} \rightarrow 00\cdots0***$$

ということです。ハッシュ関数は、先ほど説明したように、逆算がほぼ不可能なので、冒頭nケタが0となる数値に変換されるような元の数の組（x, a）を何かの方法で当たりをつけることは不可能で

す。したがって、とにかく入力をやみくもに繰り返すしかありません。普通のコンピューターによる入力でビンゴが出るまで平均一〇分程度かかるように0の個数nが調整されます。解を見つけるのには一〇分もかかるわけですが、解xが正解かどうかはハッシュ関数に(x, a)を入力すれば誰でも瞬時にチェックできます。

このように、新たな取引は、問題解きに最初に成功したマイナーによって承認され、新たなブロックとして成立します。解xは、全参加者に通知され、各自のブロックに記録されます。問題解きに成功したマイナーは、ご褒美(謝礼)をビットコインで得ることができます。同時に、問題解きにかかる時間が取引の日時の記録の代わりとなり、「タイムスタンプ」の役割を果たすのです。これがPoW(演算量証明)と呼ばれる仕組みです。

付加されたブロックが、30ページの図のように二手に分岐している場合は、長いほうのチェーン(A－B－C－D－F－G－H)が信任されるルールに決められています。不正のない善良なチェーンが最速で長さを延ばすと期待されるので、偽造ブロックで不正を企む者が独力でこのチェーンの長さを凌ぐのはほとんど不可能となるのです。この仕組みは、「たくさんの人が参加して延ばしているブロックチェーンが本物のチェーンである」ということを意味し、言ってみれば、「多数決原理」のようなものです。つまり、P2Pという膨大な参加者の多数決によって、分権的に不正が防がれるわけです。そこには、中央集権的な権威の仲介は必要ありません。

ナカモトはPoWを採用していますが、その後の研究で、これが最適かどうかは疑問視されています。実際、ＰｏＷを使う場合、高速のコンピューターを持っているマイナーが勝ちやすく、ご褒美のビットコインを独占してしまうからです。他の仕組みについては、第3章で説明しましょう。

ビットコインの面白さ

以上で、ビットコインのおおよその仕組みの説明は終わりました。おおざっぱにまとめてみれば、

(1)電子署名によって、現在の所有者を明確にでき、なりすましを防ぐことができる
(2)ＰｏＷによって、二重利用という不正を防ぐことができる
(3)取引の全記録を公開することによって、お金の機能を生み出す
(4)Ｐ２Ｐシステムによって、分権的な管理ができ、中央集権的な権威の仲介が不要となることがわかります。

このように、ビットコインの技術は、現在のＩＴ技術とプログラム技術の粋であり、完全に二一世紀的なものです。したがってここに、大きな二つの興味が生まれてきます。

第一の興味は、「暗号通貨は、なぜお金たりうるか」という点です。単に、「なりすまし」や「二重利用」を防ぐだけなら、他のいろいろなアイテムでも可能でしょう。しかし、それらが何でもお金になるとは思えません。ビットコインがなぜドルや円のようなお金の機能を持つのか、これは簡単な話

ではありません。なぜ人はこれをお金と見なせるのか。この点を解明することが、本書のテーマのひとつです。

第二の興味として、「ブロックチェーンの技術は、暗号通貨以外に利用できる可能性があるか」を挙げることができます。ブロックチェーンは、これまで説明してきたように、取引の全記録です。したがって、各ブロックにはかなり豊富な情報を書き込むことができます。そう考えると、書き込む情報を工夫すれば、もっといろいろな経済的・社会的なアイテムを生み出すことが可能となるかもしれません。この観点を経済学者として考察すると、ゲーム理論が非常に有効な道具となってくることが見えてきます。本書では、ゲーム理論の考え方を導入して、ブロックチェーンの新しい可能性についても追究してみます。

第2章　ブロックチェーンがもたらす新しい世界

ブロックチェーンの本質

ネット上の情報を分散的に管理するP2Pシステムは、早期から待望されていました。ただ、それを確実に実行できる方法論と環境はなかなか現れませんでした。それを実現させたのが、ブロックチェーンの発明であり、多くの人がパソコンとスマートフォンを持ち、多量のデータをやりとりする現在の環境だったわけです。

ビットコインに代表されるブロックチェーンの特徴は、おおまかには、次のようにまとめることができます。

(1)　分散化されている

これは、ブロックチェーンが世界中の参加者たちのコンピューターで記憶されているので、一つのサーバーが壊れても消え去ることはない、ということを意味します。

(2)　完全公共的である

誰でも閲覧可能なネットワーク上に置いてあるので、公共的な情報です。ここでいう公共的というのは、官庁・役所という意味の公共ではなく、「個人の集合体としての社会」という意味での、広義の公共性です。

(3)　高度なセキュリティ

第1章で解説したように、ブロックチェーンは、公開鍵暗号とＰｏＷを使って、詐欺、偽造、改竄が不可能な高度なセキュリティを備えています。

(4)　時間順序が厳格である

とりわけ、お金のやりとりを含むあらゆる商取引では、時間順序が重要です。例えば、お金の場合、それが誰から誰へと渡って、現在、誰が所有者なのかがポイントになります。このことは、債権や株などの金融資産であろうが、土地や建物などの実物資産であろうが、あらゆる資産で共通です。ブロックチェーンは、これを厳密に確定できます。

(5)　利己的インセンティブによって保持される

ブロックチェーンは、参加者の善意をあてにすることなく、利己的な欲望を採掘《マイニング》という形で利用して、ブロックチェーンの正真性を保持します。

このような性質から、ブロックチェーンは、さまざまな技術や制度を改善する可能性を秘めています。それは、金融、ビジネス、選挙、特許権など広範です。その一部は実行に移されつつあり、また、計画中のものもあります。以下、いくつかを取り上げてみることにしましょう。

所有権の自動化

ブロックチェーンによる改革で最たるものは、所有権の移転を保証するビジネスの代替でしょう。ブロックチェーンによって何らかの所有権の移転が、曖昧性なく記録できるのですから、もうそういう業務で手数料を取る業態は不要になるわけです。

権威や資格を備えた第三者の仲介なしに、安全に取引を行うことを、スマート・コントラクトといいますが、ブロックチェーンは、スマート・コントラクトを可能にする技術だということができます。

例えば、不動産の登記は自動的にできるようになるでしょう。特許権や著作権も同様です。もっと公的な世界では、例えば役所の書類なども、ブロックチェーンで管理すれば絶対に改竄や不正が不可能になるし、仮にそういう問題が起きても、いつ誰が行ったかが明確に検証できるようになります。ブロックはウェブ上に共有されるので、紛失も隠滅もありません。

こういう世界は、ある意味で不自由になる部分もあるかもしれませんが、これまでと異なる成り立ちの社会が生まれることは疑いありません。

電力の売買

ソーラーパネルの普及や、原発に対する不信感から、電気の購入に関して人々の感覚が変わってきています。ソーラーパネルによって環境に優しい発電を試みる人や、原発で作られた電気を拒否したい人などが出てきています。

このときポイントとなるのは、市民同士で電気を融通し合えるシステムです。家庭が保有する余剰電力を電気会社に買い取って仲介してもらう場合、その代金は非常に安くなり、また、送電によるロスが半端ないことになります。余剰電力を近隣の人に直接買い取ってもらえれば、非常に効率的な電気の融通ができることは明らかです。

このような余剰電力のやりとりを可能にするのが、ブロックチェーンの技術です。ブロックチェーンを利用して、契約と取引を行えば、安全で効率的に余剰電力を融通し合うことができるでしょう。

映像や音楽コンテンツをＰ２Ｐで管理

映像作品や音楽には著作権が関わるため、非常に複雑な業態が形成されています。製作会社やレーベルと契約しなければならず、契約後もいろいろと不自由があります。

このことは、ブロックチェーンを利用したスマート・コントラクトが解決できる可能性が高いでしょう。ブロックチェーンを使えば、作者・作曲者は自分の作品であることが証明できます。また、ブロックに契約のプログラムをすることで、自由な配信が可能になります。例えば、クリスマスには無料にするとか、障害のある人はタダになる、などなどです。

このように、アーティストの世界は、ブロックチェーン技術によって激変する可能性が大きいと言えます。現在、CDショップからダウンロード・サービスへの移行がほぼ完了し、次はダウンロード・サービスからサブスクリプション・サービスに移行が始まっています。サブスクリプションとは、一ヵ月にいくら、などの定額で、音楽や映像作品を鑑賞しほうだいにするサービスのことです。

このような仕様が、ブロックチェーン技術と親和性が高いのは言うまでもありません。

新しい金融世界

しかしながら、ブロックチェーンに最も熱い視線を送っているのは、金融業界です。そもそもブロックチェーンは、ビットコインというインターネット上の金融資産の創造から始まったのだから、それは当然のことです。

現在、「フィンテック」という言葉をよく耳にします。これが「ファイナンス」と「テクノロジー」を合わせた造語であることは序章で説明しました。フィンテックは、金融業務を無人化する技術のことと理解できます。とりわけ、ブロックチェーンを用いた金融サービスは、フィンテックの大きな可能性の一つです。

例えば、ビットコインには国家や銀行などによる信用の保証が必要ありません。そういう意味で、「非中央集権的」という、これまでのお金にはない性質を持っています。お金を市民が分散的に管理運営する、という全く新しい金融世界を実現できたわけです。

もう一つの注目すべきブロックチェーンの性質は、金融資産の交換を迅速かつ安価にすることです。これまで、外国通貨同士の交換を行う為替取引には、日数も費用もたくさんかかりました。それに対して、ブロックチェーンによる暗号通貨の交換は、インターネットを利用し、仲介組織なしで可能なので、時間の点でも手数料の点でも効率的になります。

事例としては、米国のアライン・コマース（Align Commerce）社がすでに国際送金サービスを行っています。このサービスでは、現地通貨をいったん暗号通貨に替え、それを国際間で送金し、その後、送金先の現地通貨に替えます。この際、ブロックチェーンは、為替取引にのみ用いられており、国内部分では銀行取引が利用されていますから、完全には分散的でありません。

ブロックチェーンは、その非中央集権性から、既存の金融機関を脅かす存在であることは疑いありません。ドイツの企業スロック・イット（Slock.it）社は、暗号通貨イーサリアムをベースとしたクラウドファンディングサービスThe DAOを提供しています。これは、ファンドマネージャーの存在しない非中央集権的な資金調達サービスです。このようなサービスの広がりは、金融仲介業態を揺るがすでしょう。

もちろん、既存の金融機関も指をくわえて見守っているわけではありません。この技術が、金融業務を画期的に効率化することは金融機関にとっても千載一遇のチャンスであることは同じだからです。実際、二〇一五年に、世界の大手銀行九行が手を結び、ブロックチェーン活用に向けた「R３コンソーシアム」というプロジェクトを立ち上げ、世界を驚かせました。

ブロックチェーンの金融業界における最重要の問題は、それが結局は中央集権的に管理されるか、それとも完全に非中央集権的になるのかという点です。このことは後で再論します。

アトミック・スワップのみごとな仕組み

暗号通貨同士の交換ならば、完全に非中央集権的に行う発明がなされ、しかも、実験的な試みが成功したことが話題となりました。それが、アトミック・スワップと呼ばれる仕組みです。これは、仲介者なく分散的に二種類の暗号通貨を交換取引する仕組みです。

以下、アトミック・スワップの巧妙な仕組みを説明しましょう。それは、電子署名とハッシュ値を使う技術です。

今、Aさんの持つ暗号通貨aとBさんの持つ別の暗号通貨bを交換するとしましょう。例えば、aをビットコイン、bをイーサリアムなどと想像すればいいです（イーサリアムについては51ページ参照）。

まず、Aさんが先に暗号通貨aをBさんに送ります。その際、Aさんはランダムな数値Rを作り、秘めておきます。そして、Rをハッシュ化した数値hash(R)を作り出します。その準備のもと、次のような取引仕様を作成します。すなわち、「数値を入力し、それをハッシュ化した数値がhash(R)と一致し、かつ、Bさんの電子署名を記入できれば、暗号通貨aを取り出せる」という取引仕様です。

これをBさんのもとに送るのです。

次に、Bさんが暗号通貨bをAさんに送ります。その際、次のような取引仕様を作成します。「数値を入力し、それをハッシュ化した数値がhash(R)と一致し、かつ、Aさんの電子署名を記入できれば、暗号通貨bを取り出せる」。

すると、まず、AさんがBさんの作った取引仕様から暗号通貨bを取り出します。その際、自分の電子署名とともに、ハッシュ値のもととなる数値RをBさんの仕様に記入することになります。Aさんは Rを知っているので hash(R)と一致する入力が可能です。AさんがRを入力すると、BさんはRを知ることになります。したがって、その数値Rを使って、BさんもAさんの暗号通貨aを取り出すことができます。Aさんの作った取引仕様にBさん本人の電子署名を記入した上、入手した数値Rを記入すれば、そのハッシュ化はhash(R)と一致し、暗号通貨aを取り出せるのです。

ポイントになるのは、先に暗号通貨を送るAさんのほうです。普通の取引なら、先に送るAさんは、それを詐取されるリスクを冒すことになります。しかし、アトミック・スワップではそうならないのです。なぜなら、Bさんはhash(R)と一致するRを入力しない限り、暗号通貨aを取り出すことができません。そのためには、Aさんが数値Rを記入し、それをBさんが知る必要があります。Aさんが暗号通貨bを受け取ることが、Bさんが暗号通貨aを受け取るための条件となっているのです。

実に巧妙に作られた仕組みでしょう。アトミック・スワップのようなブロックチェーンの双方向利用は、デジタルデータを取引するようなさまざまなビジネスに使える可能性があります。

選挙制度への応用

ブロックチェーンの信頼性と低コスト性の応用で期待されるのは、選挙制度です。

選挙は、民主主義を支える非常に大事な制度であるにもかかわらず、運営上の問題で、投票の仕組みが限定的で、また一回の選挙に膨大なコストがかかります。ブロックチェーンを利用することで、低コストの新しい投票の仕組みが可能になるのではないか、と議論されているのです。

選挙において重要なことは、次の二点に集約されます。

第一は、一人一票しか投票できないこと。第二は、投票した内容の秘密が守られること。

第一の点は、暗号技術によって難しくはありません。しかし、第二の点も同時に達成するとなると、困難が立ちはだかります。第一の点を達成するには、投票者を名前とかマイナンバーなど、何らかの形式で特定する必要があります。すると、投票内容と投票者が紐付けされてしまうので、第二の点が困難になるからです。

しかし、第二の点に目をつぶるなら、実現は可能です。実際、スペインのアゴラ・ボールディング社はブロックチェーンを活用した投票システムを開発しました。そして、スペインの左翼政党ポデモスは、実際の予備選挙でアゴラの電子投票を利用しました。

また、オーストラリアのＮＶＢ（ニュートラル投票連合）という団体は、ブロックチェーン投票を実施しました。これは、一般市民が興味ある政策にブロックチェーンで投票し、投票期間が終わると、その結果にもとづいて、議員に投票すべき政策が伝えられる、というシステムです。いわば、市民が直接政策を決める直接民主主義のようになっています。

リキッド・デモクラシー

第一の点、すなわち、一人一票という投票制度も、考えようによって死守すべきものとは言えません。例えば、自分があまり知識のない政策に関する投票は、誰か信頼できる他人に委ねる、ということにも一定の合理性があります。このような柔軟性を持った投票制度を「リキッド・デモクラシー」と呼びます。

リキッドな（柔軟な）投票制度は、ブロックチェーンによって容易に実現できるでしょう。例えば、ブロックチェーンでは、お金ばかりではなく、トークンと呼ばれる一種の債権も取引できます。トークンが誰から誰に譲渡されたかが完全に記録できるからです。このトークンを、投票権と読み替えてみましょう。そうすると、投票権を信頼する人に委譲する仕組みを簡単に作り上げることができます。

リキッド・デモクラシーにおいて、従来の投票とは異なる投票制度が提唱されるのは、そもそも現在の投票制度に関して、いろいろ不合理な点が発見されているからです。以下、坂井豊貴氏の著作［文献4］から、投票制度の問題を紹介することとしましょう。

表2-1　オストロゴルスキーのパラドックス

有権者	財政	外交	環境	支持政党
1	X	X	Y	X
2	X	Y	X	X
3	Y	X	X	X
4	Y	Y	Y	Y
5	Y	Y	Y	Y
多数決の結果	Y	Y	Y	X

間接民主主義と直接民主主義では、異なる結果が生じる

現在の民主主義社会では、基本的に、間接民主主義のシステムが採用されています。それは、国民の投票によって議員を選び、議員の投票によって政策が決まる、という仕組みです。この制度は、民意を反映するように思われますが、必ずしもそうではないことが発見されました。それが、「オストロゴルスキーのパラドックス」です。これは、政治学者ラエとダウトが一九七六年に発表したもので、民主制のもとで政党が果たす役割に否定的だったロシアの議員・政治学者のオストロゴルスキーの名を冠しました。

表2－1は、5人の有権者と、2つの政党X、Yについてのものです。表は、5人の有権者が、3つの政策、すなわち、財政、外交、環境それぞれについて、どちらの政党を支持しているかを記述しています。例えば、有権者1は、財政と外交についてはX党を支持し、環境についてはY党を支持していることを表しています。

一番右側は、各有権者が3つの政策において支持できるものが多い党に投票したらどういう結果になるかを記載しています。1、2、3はX党に投票し、4、5はY党に投票します。そして、2つの党が議

会で投票を行うと、X党が賛成多数ですべての政策について可決を得ることができます。

ところが、政策別に5人の有権者で直接投票を行ったらどうなるかが、一番下の行に記載されています。多数決で選ばれるのは、3つの政策すべてでY党の政策です。

これは非常に衝撃的な結果だと言えましょう。直接投票では、国民はすべてY党の政策を支持するにもかかわらず、政党を仲介する間接民主制度では、X党の政策がすべて選ばれてしまうわけです。もしも、有権者による直接的な多数決が望ましいとするなら、今の制度ははなはだ不合理であることになります。

しかし、これまでは、すべての政策決定を投票で行うのは、あまりに非現実的とされてきました。投票には多大な手間とコストがかかるからです。しかし、ブロックチェーンをうまく利用すれば、直接民主制は絵空事ではなくなる可能性があります。

民意反映に有望なボルダルール

仮に直接民主制が実現したとしても、それだけで良い投票制度が実現するとは限らないこともわかっています。それは、一人が一票を投じる多数決さえもパラドクスを孕《はら》んでいることが指摘されているからです。

注目すべきは、「票割れ」の問題です。

例えば、二〇〇〇年のアメリカ大統領選では、共和党の指名するブッシュが、民主党の指名するゴ

表2-2

人数	4	3	2
1位	A	C	D
2位	B	B	B
3位	C	A	C
4位	D	D	A

アに僅差で勝利しました。当初はゴアが有利だったにもかかわらず、途中で緑の党からネーダーが参戦して、ゴアの票の一部を奪ってしまったためにそういう結末になったのでした。一人一票の投票システムでは、このような票割れが深刻な影響を及ぼすことがあるのです。

今、表2－2のような状況を考えましょう。

この表は、4人の候補者A、B、C、Dに関して、9人の有権者の「好ましい順位」を与えたものとなっています。二列目では4人の人が、A>B>C>Dという順位をつけ、三列目では3人の人がC>B>A>Dという順位をつけ、一番右の列では2人の人がD>B>C>Aという順位をつけています。

この9人で一人一票の投票を行うと、当然、4票を獲得するAが勝利することになります。しかし、これは正しい結果ではない、と坂井氏は言います。なぜなら、三列目の3人は、Cを一番と評価しており、一番右の列の2人はCをAより高く評価しているからです。つまり、過半数の5人の人がCをAより評価しているわけです。ここで、Aが勝利する理由は、CをAより評価する5人のうち、2人の有権者がDに投票して、票割れが起きているからです。

この状態について、坂井氏は当選者としてはBがふさわしいと言います。なぜなら、Bは全員が2位と評価しており、「満場一致に最も近い」からです。

では、このBを当選させる投票方法があるでしょうか。それがボルダルールと呼ばれるもので、1番目に4点、2番目に3点、3番目に2点、4番目に1点を与える投票方法です。ボルダルールを用いると、得票数は次のようになります。

A↓4×4＋3×2＋2×1＝24点

B↓4×3＋3×3＋2×3＝27点

C↓4×2＋3×4＋2×2＝24点

D↓4×1＋3×1＋2×4＝15点

見ればわかるように、Bの得票数が一番多く、Bが当選することになります。なぜ、Bの得票数が多くなるか、と言えば、全員が相対的に高評価を与えているからであり、先ほど述べた「満場一致に最も近い」ことの現れなのです。

このようにボルダルールは、民意を民主的に反映できる非常に優れた投票方法なのですが、これまでは技術的に実現が難しいことで、全く検討がなされませんでした。しかし、ブロックチェーンを利用した匿名的な投票が可能になれば、ボルダルールを採用することは簡単です。インターネット上で、ブロックに得点を書き込んだり、それを集計したりすることは容易だからです。

ブロックチェーン投票が実現したあかつきには、ボルダルールに限らず、もっと複雑ないかなる投票方式も、それが有権者にとって負担でない限りは実現可能となります。そうなれば、さまざまな試行がなされ、より理想的な選挙の仕組みが見つけられるかもしれません。民主主義が大きく変わることは疑いないでしょう。

第3章　オープンソースvs.プロプライエタリ

ビットコインの問題点

ビットコインは、ブロックチェーンを利用した画期的なシステムですが、いくつか問題点が指摘されています。代表的なものは次の二点です。

(1)ＰｏＷ（演算量証明）を利用しているので、一部の参加者に支配される可能性がある
(2)他のプログラムを書き込むことが難しいので、通貨しか用途がない

最初の点を説明しましょう。ＰｏＷとは、採掘者《マイナー》に面倒な計算を課し、競争させて取引を承認していく方法です。これによって、二重支払いを防ぐことができます。つまり、これはＰ２Ｐ参加者による多数決原理と同じで、たくさんの人が承認したブロックが正しいブロックということになるわけで

す（32ページ）。

しかし、このことが仇となって、一部の参加者に独占的に支配されてしまう可能性が示唆されています。ＰｏＷの計算を素早く行うことができる、あるいは、安価に行うことができれば、採掘《マイニング》に多量に参加し、計算能力の過半数を占めてしまえば、結果を自由に操作してしまうことができます。簡単に言えば、不正が可能になるわけです。高速のコンピューターを使うとか、電気代などコストの面で有利なマイナーが有利になります。この問題は、当初から指摘されていましたが、参加者が多ければそんなことにならないだろうと考えられていました。

ところが、実際、中国が参加するようになって、電気代・地代の安い中国人のマイナーが支配する状況になりました。一説にはマイナー全体の70～80パーセントに及ぶと言われています。

第二の問題は、応用可能性についてのものです。ブロックチェーン自体は、非常に優れた発明で、すでに説明したように多くの応用可能性を持っています。しかし、その可能性を多様な場で生かすためには、プログラムを書ける仕様が必要です。ビットコイン自体には、その余地がほとんどありません。

対抗馬としてのイーサリアム

そんなビットコインの欠点を解消する目的で作られたのがイーサリアム（Ethereum）です。イーサリアムは、ロシア系カナダ人のヴィタリック・ブテリンによって、二〇一三年に構想が示され、二〇一五年にリリースされました。イーサリアムは、前節で述べたビットコインの欠点を次のように解決しています。

(1)証明法では、ＰｏＷの代わりに、ＰｏＳを使う
(2)プログラミングが可能

第一の改良点でのＰｏＳというのは、プルーフ・オブ・ステーク（Proof-of-Stake）の略です。ＰｏＳのシステムでは、マイニングする際に、コイン保有量と保有日数の多さに応じてマイニングの成功確率が高くなるように仕組まれています。保有コインを多くするには、マイニングにたくさん参加する他に、人から買うことでもできます。いずれにせよ、電気代や土地代の安さなどは優位性になりません。また、多量のイーサリアムを購入することでマイニングを有利にしても、その優位性がかけたコスト（イーサリアムの購入代金）に匹敵するとは言えません。いずれにせよ、ネットワークの外側での優位性をある程度排除することができます。

第二の点は、イーサリアムがチューリング完全な拡張用言語（Solidity など）を備えていることです。現在のコンピューターは、数学者アラン・チューリングの考案した計算モデルであるチューリング・マシンと基本的に同じです。そして、プログラム言語とは、このチューリング機械で動作可能な言語です。チューリング・マシンで計算可能な計算を、すべて計算できるような言語を「チューリン

グ完全」といいます。簡単に言えば、論理式で表現できるような計算をめいっぱいできるのがチューリング完全な言語なのです。そういう意味でイーサリアムは、現在のコンピューターで計算可能なことはすべてプログラムできるようになっている、ということです。

クリプトキティズ

イーサリアムは、暗号通貨だけではなく、ブロックチェーンを使ったさまざまな用途に応用が可能です。ブロックチェーン上で契約を交わすことを、スマート・コントラクトと呼びます。イーサリアムは、プログラム言語を備えているので、スマート・コントラクトを可能にします。しかも、その契約には中央集権的な権威や信用組織が不要です。ブロックチェーンでは、不正や改竄ができないからです。スマート・コントラクトのようなブロックチェーン上のアプリは、「分散型アプリケーション」(Decentralized Application；ＤＡｐｐ)と総称されます。

ＤＡｐｐの一つで、イーサリアムのブロックチェーンを利用したゲームが、人気を博しました。それは、クリプトキティズ(CryptoKitties)と呼ばれるゲームで、ブロックチェーン上でネコを育てるものです。ネコの性格や見ためは「仮想ゲノム」と呼ばれる遺伝情報として、イーサリアム上でプログラムされます。これは、イーサリアムのプログラム機能を利用したゲームなのです。ユーザーは、仮想ネコを育てることができ、それらを交換することが可能です。サービスが開始されると、大きな広がりをみせ、一時はイーサリアム上の取引で第2位になりました。

ＤＡＯという思想

ビットコインやイーサリアムの背後には、ＤＡＯと呼ばれる思想が根付いています。ＤＡＯというのは、Decentralized Autonomous Organization の略で、「分散自律組織」と訳されます。Decentralized は、分散型と訳されますが、非中央集権的と訳すほうが適切です。要するに、交換や決済を、中央集権的な権威や権力に依存せず、分散的に行おうという思想集団なのです。

イーサリアムは、別名として、「ワールド・コンピューター」と呼ばれています。それは、世界中のコンピューターをつなぎ、どの国の政府や組織にも管理されず、Ｐ２Ｐとして安全に管理し、情報をすべて公開し、共有するという思想が込められた言葉です。

オープンソースとコピーレフト

序章で、オープンソースという考え方を説明しました。プログラムを公開し、誰でも自由に利用できるようにしたプログラムのことです。対義語になるのが、プロプライエタリです。

ビットコインもイーサリアムも典型的なオープンソースです。オープンソースは、よってたかって改良できるので、急速な進化をする可能性を秘めています。

ＯＳで有名なオープンソースは、リナックス（Linux）です。リナックスは、フィンランドのリーナス・トーバルズという大学院生が一九九一年に製作しました。リナックスについて最も重要な点は、それがオープンソースであるということでした。誰でも、手を加え、改良したり拡張したりすることができるのです。

リナックスは、「コピーレフト」と呼ばれる考え方で運用されています。コピーレフトというのは、コピーライト（著作権）に対抗する意味で作られた造語です。つまり、コピーレフトであるソフトウエアには、何者も著作権を主張してはいけない。そればかりではなく、それを使用したソースを作る場合、そのソースも公開し、いかなる著作権も主張できない、という縛りがかかっています。

他方、マイクロソフト社のウィンドウズや、アップル社のマッキントッシュは、プログラムを公開しておらず、著作権を主張しているので、プロプライエタリにあたります。

リナックスは、オープンソースであるものの、専門のプログラマーにしか利用できないので、一部の人々を除いてほとんど認知されていませんでした。しかし、グーグル社がアップル社のアイフォーン（iPhone）に対抗するために作ったアンドロイドが、リナックスをＯＳとしたことで、世界に衝撃を与えました。言うまでもなく、リナックスを搭載しているアンドロイドは、すべてのプログラムが公開され、利用可能です。

世界を変えるのはどっちか

世界を変えるのは、オープンソースでしょうか、それともプロプライエタリでしょうか。

プロプライエタリが、開発の強いインセンティブを生み出すのは明らかです。ウィンドウズやマッキントッシュのように、途方もない富をもたらす可能性があるからです。富こそが人を努力に駆り立てます。

では、オープンソースを支える動機付けは何でしょうか。それは、一種の「互恵思想」なのです。「世界が助け合いで成長して欲しい」という思想です。効率性や利益性や利己心ではなく、公益性に支えられているのです。

オープンソースは、公益性という人間の不思議な性向に支えられながら、時に大きな成果をもたらします。リナックスはその典型例です。

他に有名なオープンソースとして、チェスソフトや将棋ソフトを挙げることができます。

最初のチェスソフトは、数学者チューリングの作った「チューロ・チャンプ」です。それを、数学者クロード・シャノンが改良しました。シャノンは、「情報量」という概念を考え出した天才です。これらのチェスソフトはもちろん、オープンソースでした。

このようなオープンソース・チェスソフトが画期的なことを成し遂げました。IBMの製作したディープブルーというチェスソフトが、一九九七年に世界チャンピオンのカスパロフを破ったのです。この年を境に、人類はコンピューターにチェスで勝てなくなりました。

ディープブルーのプログラムがオープンソースだったことが、次なる成果を生み出しました。それは、強い将棋ソフトが作られたことです。ディープブルーのプログラムを応用して、ボナンザという将棋ソフトが作成されました。これは、プロ棋士も負かすぐらいの強いソフトとなりました。ボナンザも、また、プログラムが公開され、オープンソースにしたため、それを拡張したポナンザというさらに強いソフトが生み出されました。このポナンザが、二〇一七年に佐藤天彦名人に勝利し、将棋も遂に人間がコンピューターに勝てないゲームとなったのです。

チェスソフトや将棋ソフトの成功は、オープンソース思想の結晶と言っても過言ではありません。

数理暗号と匿名化技術

オープンソースの思想は、ソフトの製作者の権利を放棄することですが、他方には通信の匿名化という考え方があります。通信の匿名化は、P2Pに数理暗号を利用することで実現されました。その典型的なプラットフォームが、Ｔｏｒ（The Onion Router；トーア）です。

Ｔｏｒは、情報の発信者が特定されないような工夫がなされています。それは公開鍵暗号を使って、情報を多重に暗号化し、複数のサーバーを経由して、発信者がわからなくすることです。原理をざっくりと説明しましょう。

情報の発信者は、P2Pの参加者3人のサーバーを任意に選びます。参加者はみな、自分の暗号の公開鍵を公開しています。参加者3人を、仮に、A、B、Cと名付け、各人の公開鍵をf、g、hとしておきます。発信者が発信したい情報をxとします。発信者は、この情報を鍵h、g、fの順で、順次暗号化します。つまり、

$$x\downarrow(h)\downarrow y\downarrow(g)\downarrow z\downarrow(f)\downarrow w$$

というふうに暗号化するのです。

暗号化の際には、それをどの人のサーバーに送るのかも、一緒に暗号化しておきます。そして、この暗号文wをAさんのサーバーに送ります。Aさんのサーバーでは、秘密鍵を使って暗号文wを復号します。すると、暗号文zが現れます。また、それをBさんに送る指示も現れます。そこで、Aさんのサーバーは暗号文zをBさんのサーバーに送ります。暗号文zを送られたBさんのサーバーはこれを秘密鍵を使って復号し、暗号文yを得ます。同時にCさんに送る指示も現れます。Bさんのサーバーはこの暗号文yを指示通りCさんに送ります。Cさんは秘密鍵を使って暗号文yを復号します。それは、発信者の送った情報xです。それと同時に、例えば、xを書き込む掲示板の指示も現れます。Cさんのサーバーは、指示に従い、xを掲示板に書き込みます。

このようにすると、Cさんは情報xを読むことができ、それがBさんから送られたことはわかりますが、情報の発信者が誰なのかわかりません。一方、Bさんは、暗号化されたyを得ただけなので、Cさんが公開した情報xが暗号文yと同じであることはわかりません。Cさんへの指示の掲示板も、名称が暗号化されているので解読できません。また、Aさんから送られた暗号文を見ただけなので、発信者が誰かもわかりません。最後にAさんは、発信者から情報が送られたことはわかるのですが、その内容が何だかはわかりません。さらに、Bさんにその暗号文を送ったあと、それが誰に送られたのかもわかりません。

以上のように、Ｔｏｒは高い匿名性を担保しながら、情報を発信することができます。A、B、C

が居住する国を別々にしておけば、当局が発信者を特定しようとして、ＩＰアドレスをたどることがひどく困難になります。

Ｔｏｒは、言論の自由が保証されていないような国の人々が、身の安全を確保しながら情報を発信することを可能にする技術です。もちろん、パソコン遠隔操作事件のような悪用も可能ですが、抑圧的な国の市民に言論の自由を保証するという進歩的な使い方ができます。

この匿名化技術を通貨に応用したものが、「匿名通貨」と呼ばれるもので、ダッシュ（Dash）、モネロ（Monero）などがあります。これは公開鍵暗号を使って、誰が取引者であるかわからないようにします。例えば、ブロックを作る際に、コインの所有者以外に数人の公開鍵が記入されるようなシステムにして、その中の誰が実際のコインの所有者かをわからないようにするなどです。

このような匿名性は、ビットコインにはないものです。ビットコインは取引全体の記録を誰もが確認できるシステムだからです。匿名通貨が広く利用されることになれば、国家による資産の管理が不可能になるでしょう。それは、非中央集権化の推進となり、ＤＡＯの理念を実践するものです。一方では、もちろん、ブラックマーケットがはびこる土壌ともなるでしょう。

分散ファイルシステムという新しいファイル管理

Ｐ２Ｐの仕組みとハッシュを使った新しいファイル管理のシステムが作られています。例えば、ＩＰＦＳ（InterPlanetary File System）がそのひとつです。

現在のファイルシステム（ｈｔｔｐでアドレスされている）では、サーバーが閉鎖されたりすると、ファイルのありかがわからなくなってしまいます。それは、ファイルに人間が名前をつけて貯蔵するからです。これは大変に非効率なことです。

そこでＩＰＦＳでは、ファイルをハッシュ化して暗号に置き換えます。そして、その暗号化されたデジタル情報そのものを、ファイルのＩＤとしてしまうのです。こうすれば、内容がそのままＩＤになっていますから、探すのが簡単です。Ｐ２Ｐのネットワークのどこかにあれば、すぐ見つけることができます。さらには、同じファイルが複数のサーバーにある場合は、最も近いサーバーから取り出せばいいので、ひとつのサーバーにアクセスが集中することを防げます。

また、ハッシュは元データを改竄すると全く異なる数値になってしまうため、ファイルの正当性の検証が簡単です。

ＩＰＦＳは今後のファイル管理方法の主流となる可能性が高いでしょう。

2

お金をめぐる経済学

第4章　お金が社会で果たす役割

お金は自由をもたらす

お金は決済の手段です。すなわち、自分が生産によって得た購買力を保蔵しておき、その購買力を行使してモノを手に入れるときに用いるのです。こう見るとき、お金が人々にもたらすのは「自由」だということになるでしょう。なぜなら、購買力をお金という形で保持するなら、それを行使してモノを買う際に、「時間を決めておかなくてよい」「買うモノを決めておかなくてよい」という少なくとも二つの自由が保証されるからです。

このような、「いつでも好きなときに好きなモノを手に入れられる」という性質を、経済学では「流動性」と呼んでいます。

私たちは、プログラムされた機械とは違います。プログラムされた機械は、どんな事態が訪れても、プログラムされた通りのリアクションを実行します。しかし、私たちは、まだ見ぬ未来に対して完璧な計画を持っているわけではありません。自分の欲望は不確定であり、行動の迷いを断ち切ることは難しい。そういうときに便利さと快適さを与えてくれるのがお金です。お金さえあれば、決断を先延ばししたり、購入物を未決にしたりしておくことができます。人間にとって、こんなに都合よいものはない、と言っていいでしょう。お金の流動性とは、「自由の表現形である」ということです。

自動車の発明は、空間移動の自由を人々にもたらしました。だから、自動車は爆発的な経済発展をもたらしました。お金の発明は、このような「自由の発明」で最古のものだと言うことができるでしょう。人類が発展したのは、このお金の発明によるところが大きいのではないかと思われます。実際、ネアンデルタール人は、お金を利用する市場経済を持たなかったことで滅んだ、という仮説があるぐらいです。

匿名性という自由

お金の持つもう一つの特殊な性質は、その「匿名性」です。あなたがお金でモノを買うとき、あなたが誰であるかが問われることはありません。したがって、モノの購入の際に、あなたはある種の恥ずかしさや後ろめたさをほとんど感じなくて済むのです。このことは普段あまり意識しませんが、身分証明書を提示しないと取引できないような、例えば、映像作品のレンタルなどを想像してみれば、匿名性が快適さをもたらしていることを認識できるでしょう。

この匿名性は、代替的なお金、例えば、クレジットカードのようなものにはない性質です。クレジットカードでの購入は、購入履歴が残るからです。クレジットカードは、金額の上限を心配しなくていいとか、多額の現金を持たなくていいとか、支払いを先延ばしできる、という便利さがある一方、購入履歴が信販会社に残るという不便さが存在します。不換紙幣のようなお金の匿名性による便利さは、この裏返しと理解すればいいです。

高額紙幣廃止論

経済学者のケネス・ロゴフは、紙幣の備え持つ匿名性の問題点を指摘しています［文献5］。それは、高額紙幣が、裏社会をはびこらせる元凶になっている、というものです。

供給された紙幣の多くが地下経済で出回っているとロゴフは推定しています。ここで言う地下経済とは、多くの非合法行為、例えば、麻薬取引、恐喝、汚職、人身売買、マネーロンダリングのことを指しています。ロゴフは、さまざまな国の地下経済を総合的に見ると、平均としてGDPの14パーセント程度が流通していると試算しています。このような地下経済を支えるのは、明らかに、紙幣の持つ匿名性です。実際、高額紙幣に限れば、その大部分が地下経済に流れているという証拠すら挙げています。

このような考察からロゴフは、紙幣の段階的廃止論を提唱しています。アメリカを例に具体的に言えば、まず、50ドル以上の紙幣を廃止し、次に20ドル札を廃止し、最後には小額紙幣を重い大型コインに置き換えます。これで、地下経済は壊滅的な打撃を受けることになる、とロゴフは言います。

他方、紙幣の廃止によって生じる市民の不自由は、次のような方法で緩和することを提案しています。政府は、すべての個人にデビットカードやスマートフォン用の口座を無料で提供します。さらには、多額な決済を秘密裡に行うことだけを防ぐように、プライバシー保護の法整備をします。

紙幣廃止を実行しつつある国として、スウェーデンを挙げています。スウェーデンでは、付加価値税の脱税に手を焼いて、紙幣廃止に動いたのです。小売店のレジにはブラックボックス取り付けが義務づけられ、取引記録のすべてが国税庁によってブラックボックスから直接読み取れるようになっています。また、現金ではバスや電車に乗ることすら困難ですし、多くの銀行支店では現金を取り扱っていません。P2Pリアルタイム決済などの技術が利用されているそうです。

暗号通貨と匿名性

暗号通貨と匿名性の関係はどうでしょうか。これは、暗号通貨がどんなP2Pシステムになっているかに依存していて、一概には言えません。

例えば、ビットコインは、取引で記入する電子署名は仮名でもかまいません。本人が自分であることを主張でき、他者がそれを確認できるならば、名称は何でもかまわないのです。だから、ビットコインは匿名性がある程度担保されたお金だ、ということができます。しかし、紙幣ほどの匿名性が保証されているわけではありません。なぜなら、ビットコインの取引は仮名で行われているけれど、完全な記録が残っているため、当局がその気になれば、IPアドレスやアクセス履歴から取引者を突き止めることが可能だからです。

他方で、P2Pシステムを改良して、高い匿名性を保証しようとする試みもあります。これは今のところ、経済取引のためというより、政治的規制の厳しい独裁的国家に住む人々が、匿名で政治的な情報や意見を発信するために利用されています。しかし、これらの技術は、政治的自由を保証するために、経済的自由ももたらしてしまいます。実際、それらの匿名化技術を用いた暗号通貨がありま す。ダッシュ（Dash）、モネロ（Monero）、ジーキャッシュ（Zcash）などがそれです。これらは高い匿名性を持っていて、当局も容易には、取引者を特定できなくなっています。これらの暗号通貨は、地下経済の手助けをする可能性がある、ということです。

インターネットは、どの国に属するものでもない、広大な公共空間です。そして、インターネットで可能となるP2Pシステムは、「匿名なのに個人認証ができる」という非常に面白い使用性を確実な形で確立する可能性が高いです。したがって、紙幣を廃止しても、早晩、匿名取引の自由は暗号通貨とP2Pシステムによって実現されるのではないか、と考えられます。

お金の公共性

お金は個人に流動性や匿名性という自由を保証しますが、それは高い公共性によって支えられている、という点が重要です。あとの章でゲーム理論を使って詳しく解説しますが、お金をお金たらしめるのは、「みんながお金を利用するから、自分もそうする」という「しがらみ」状態です。これは、集団的な振る舞いであって、個人の判断だけでは実現できません。つまり、お金がお金の機能を果たすには、ある意味で、「みんながよってたかって支える」ことが必要なのです。これは公共性に他なりません。

私たちは、非常にたくさんの公共性の中で暮らしています。そのため、おうおうにして、公共物の重要性に無頓着になっています。例えば、ガスや電気や水道などのサービスは、公共によってまかなわれています。もちろん、利用料を支払ってはいますが、これと同じサービスを私的に生み出すのは、ほとんどの人には不可能なことでしょう。これらの公的インフラのありがたさを普段は意識しませんが、一度、停電や旱水に遭遇すれば、そのかけがえのなさを痛感します。学校教育サービスや医療サービスも公共的なものですが、これにも無頓着な人が多いでしょう。

そういう視点から言えば、お金も公共サービスの一つです。紙幣は、中央銀行が発行し、その数量を慎重に管理しています。中央銀行の重要な任務の一つは、物価を安定させるように通貨供給量（マネーサプライ）をコントロールすることです。私たちにとって、お金の存在はあまりに当たり前で、あたかも空気のように無意識になりがちですが、それは高い公共性とそれを制御する公的機関によって支えられているのです。

暗号通貨vs. 中央集権国家

暗号通貨は、公的機関による発行も制御も不要です。そもそもＰ２Ｐシステムというのは、中央集権の対語の意味合いを持っています。P2Pプラットフォームは、個人同士が自由意志で結びつくことによって作られますが、そこにある種の確実性が担保され、詐欺や略取が防御されるからです。

それでは、暗号通貨は政府紙幣にとって代わり、主要通貨になるでしょうか。言い換えると、お金は政府の統制から自由になれるでしょうか。

ロゴフはそれには否定的です。このくだりは、とてもすばらしいので、まるまる引用することにしましょう。

分散型台帳技術が保証する先端的なセキュリティや暗号通貨に埋め込まれた天才的なアルゴリズムは、掛け値なしにすばらしい。それは十分に認めるが、ビットコインを始めとする暗号通貨が近い将来ドルに取って代わると考えるのは、単純にすぎる。通貨革命を起こそうとした人々が過去千年間で学んだのは、このゲームで恒久的に政府を打ち負かすのはまず無理だということである。というのもこれは、政府が勝つまでルールを変えられるようなゲームだからだ。こと通貨に関する限り、民間部門が政府よりうまくやる方法を考え出した場合、政府は最終的には完全に状況を理解し、最後は自分たちが勝つようにルールを決める。もし暗号通貨技術はもう止められないとわかったら、勝者（たとえば、ビットコイン3・0）は結局、政府が管理する「ベンコイン」（ベンジャミン・フランクリンにちなんだ私の命名である）の露払いで終わるだろう。

（『現金の呪い』村井章子訳、三四五ページ）

ロゴフの言うことはもっともではあるけれど、本当にそう言い切れるでしょうか。ロゴフは、インターネットの存在を軽視しすぎていないでしょうか。インターネットは、もはや一部のデジタルデータに関しては、政府が制御しきれなくなっています。例えば、ポルノ動画は、海外のサーバーにある限り、自国の法律で縛ることができず、簡単に閲覧できてしまいます。また、独裁国家に居住する人々は、自国のサーバーでの検索や書き込みには思想的な制限を被りますが、海外の匿名性の高いサービスを利用し、情報を得たり発信したりしています。ロゴフが言うように、政府は自国のルールを政府に都合の良いように作り変えることはできますが、外国のサーバーを経由して行われる行為に関しては力が及びません。ロゴフが楽観するよりもずっと深刻な事態が迫っているように思えます。

第5章　お金のコントロールはなぜ必要か

不況の原因

お金が景気に大きな影響を与えることは、数世紀前から意識されていました。とりわけ、「世の中に出回るお金が足りないこと」が不景気の原因となると疑われていました。ここで、不況というのは、経済活動が停滞し、生産が縮み、失業者が多くなることを言います。世の中に出回るお金の量が不足すると生産量が減少する、ということが経験的に考えられていたのです。

例えば、一九世紀の終わりには、経済規模に対してゴールドの量が不足していて、それが不況を引き起こしたと考えられました。経済学者ケインズはこれについて、南アフリカで大量の金鉱が発見されたというニュースが伝わっただけで急激に景気が回復したのが、お金の量が景気を左右する証拠であると言っています。しかし、これは同時に、人々が「期待」を持つだけで、実際に景気が変わる、ということの証拠であるという主張でもありました。

お金が不況の原因となることを論理的に説明した最初の学者が、そのケインズです。

ケインズは一九三六年に『雇用、利子、および貨幣の一般理論』を発表して、世界にセンセーションを巻き起こしました。この本でケインズは、人々がお金を強く欲するあまり、金利が上昇し、それが投資を妨げ、投資需要の不足によって不況に陥る、と主張しました。もう少し詳しく言うと、人々が「モノを買うために」お金を欲するのではなく、「お金を貯めておきたいために」お金を欲すると、金利が高くなると主張したのです。人々がお金を手元におきたいと強く考えると、そういう人々からお金を貸してもらうためにはその見返りである金利が高くならざるを得ません。そして、金利が高くなると、企業家はお金を借りて投資することに消極的になってしまいます。投資のためのモノの需要が減ると、生産は縮小し、その分の失業者が出る、そうケインズは言うわけです。

ケインズは、そのような「お金を貯めたい」という欲求を、「流動性選好」と呼んでいます。流動性というのは、第4章でも説明しましたが、「その額面の価格のどんなモノでも、好きなときに買える」という性質のことを指す言葉です。言い換えると、人々がお金を欲する理由は、「欲しいモノを買いたい」という以外に、このような「いつでもなんでも手に入る」という「自由」にある、ということです。

さきほど説明したように、流動性選好が強まることは、金利が高くなることにつながり、それが投資を減退させ、モノが生産されなくなる、という事態に陥ります。ここで、大事なポイントは、短期的にはお金の量は一定だということです。世の中に出回っているお金の総量のことをマネーサプライと呼ぶことは前に説明しましたが、マネーサプライは政府と中央銀行が決定するので、短期的には一定なのです。ラーメンがブームになって多くの人が欲すればすぐさまラーメンが増産されます。しかし、お金ではそうはいきません。人々がお金を手元に置きたがっても、短期的にはマネーサプライが増えることはありません。

ケインズはこのように、不況の原因を明らかにした上で、不況克服の政策を主張しました。それが、財政政策と金融政策です。

財政政策とは、政府が公共事業を行うことによって、強制的に需要を生み出す政策です。これは政府が直接的に雇用を作り出すので、失業対策になる上、縮んでいる需要を刺激する意味があります。

他方、金融政策とは、中央銀行が民間銀行との取引における金利を低下させることで、世の中の金利全般を低下させ、投資を刺激する政策です。これについて具体的に見てみましょう。

EU諸国の混乱はユーロが原因

一九九三年に欧州連合（EU）が誕生し、共通通貨としてユーロが使われるようになりました。当初は順調に見えましたが、二一世紀に入って影がさし始めました。二〇一〇年に起きたギリシャ危機がその象徴です。これは、ギリシャが公表しているよりずっと多くの財政赤字を抱えていることが露見し、債務不履行（デフォルト）をするのではないかと疑われたことから、EUの金融が不安定になった事件です。もし、ギリシャが債務放棄すると、ギリシャの国債は紙くずになってしまいますから、それを保有している銀行は大きな損害を被ります。金融はお金の貸し借りで複雑につながっていますので、金融システム全体が不安定になります。

国債をたくさん発行している国は、その金利の支払いに困窮します。普通は、お金を印刷して、それで金利を支払う政策を実施します。しかし、EUは、共通の通貨ユーロを用いるため、一国単独でお金を増やすことが許されません。したがって、なんらかの事情で不況に陥っても、自国だけの事情から勝手に金融政策を実施することができないわけです。このことは、EU諸国の足かせになっています。実際、ギリシャは政局が不安定になり、EU離脱論などが叫ばれるようになりました。

共通通貨を設定することは、お金の公共性を拡大して、加盟国に大きな利便性を与えることは確かです。一方で、お金の公共性を保つために、個別の国内事情に目をつぶることを求められ、加盟国の間に格差が生じます。景気についての格差です。

そこで、EU諸国では「移動の自由」を認めています。お金を制御できないことで生じる固着性は、人口移動でまかなうということです。しかし、これがもっと大きな問題を引き起こしてしまいます。移民問題がそれです。景気が悪くない国には、景気の悪い国から移民が大量に流入します。すると、その国の低所得者層は、移民によって自分たちの仕事が奪われたり、賃金が低下したりすることに強い不満を持ちます。それが高じて、ナショナリズムや極右の台頭が起きてきています。世界大戦で敵対した反省から作られたEUが、再び、同じような対立を生み出す皮肉になっているわけです。

経済学者の小野善康は、全く同型の地域間格差問題が、中国や日本国内でも起きていると警鐘を鳴らしています。お金を国内で統一しているために、不況下では住民の大規模な移動が生じて、地域間格差がより深刻になる、ということです。

お金の不足ってなに？

ケインズの理論を振り返ってみると、「マネーサプライが一定だから、流動性選好の強まりから金利が上がって云々」という論理構造になっています。しかし、よく考えると少し変な気がします。マネーサプライ、すなわち、お金の「量」とは何でしょうか。お札の枚数でしょうか。それはおかしいです。なぜなら、価値というのは、「相対価格」で決まるからです。例えば、リンゴが1個100円なら、一万円札は、リンゴ100個分の価値を持っています。仮に、リンゴの価格が50円に変化したら、一万円札はリンゴ200個分の価値を持ちます。つまり、リンゴで計測すれば、お札の量が2倍に増えたと解釈できます。このように、お金の「量」というのは、モノとの相対的な関係で決まるのです。

経済学では、お札の枚数を「物価」で割ったものを「実質マネーサプライ」と呼びます。実質マネーサプライとは、お金全部で買えるモノの総量のことです。お金の「量」はこの実質マネーサプライと考えられます。すると、ケインズの分析は、この「物価」を無視していることに気がつきます。

実際、ケインズは、物価を一定として、先ほどの論を組み立てています。これについて、ケインズは、「物価調整の硬直性」という主張をしています。物価は柔軟に変化せず調整が遅い、という仮定です。このような物価調整の硬直性が真実なら、ケインズの主張はお金の「量」という観点については正当化できます。

一方、「物価調整の硬直性」という仮定を置いた場合でも、結局、時が経てば物価は下がって調整されるはずですから、お金の量（実質マネーサプライ）は自動的に増えることになります。お金の量が増加すれば、人々の流動性選好は満足させられるので、金利が下がり、投資が刺激され、不況は解消されるはずです。したがって、ケインズの不況理論は現在、「短期不況理論」と見なされています。つまり、放置してもいつか解消される不況を現在において解決するための政策提言ということです。

長期不況理論

ケインズ理論には、このような考え落としがあります。他にもいくつかの綻びがあり、その後の経済理論の発展によって、改修がなされました。例えば、ニューケインジアン理論やクルーグマン理論など、ケインズの視点を現代の経済学の手法で再構築した研究が発表されています。

ただし、これらの理論はみな、ケインズ理論と同じく、短期不況を説明しているにすぎません。これらの理論では二〇世紀前半のアメリカの大恐慌や日本の平成不況のような、一〇年も二〇年も続く長期不況を説明することができませんでした。

長期不況の理論的説明は、小野善康によって九〇年代に提供され、今世紀に入ってから、欧米の研究者によっても追随されるようになっています。小野の長期不況理論では、不況の真因を、お金や資産への「際限ない」執着に求めています〔文献6〕。この「際限ない」執着を、小野は「非飽和的な流動性選好」と呼んでいます。お金をあと1単位保有することが追加的に与える喜びは、保有するお金が多くなればなるほど小さくなる（限界効用逓減《ていげん》と呼びます）のですが、ある一定量まで減じるとそこからは減らなくなる、というのが「非飽和的」の意味です。

たったこれだけの仮定を導入するだけで、長期不況を説明できるようになるのがミソです。ケインズとの違いは、物価の調整をちゃんと導入している点です。物価が下がる調整がありながら、不況が解消されない、という仕組みを明らかにしているわけです。

まず、不況だと物価が下がります。モノが売れないし、失業者が増えるので、モノの価格も賃金も下がるからです。物価が下がると、保有しているお金の量（実質マネーサプライ）は増えます。同じお札でも以前より多くのモノを買えるようになるからです。通常の状態なら、物価が下がれば、お金（マネーサプライ）が増え、（お金保有の限界効用が下がることから）、人々はその一部でモノを購入し始めます。したがって、ある程度物価が下がったところでモノが売れ始め、増産のための求人が生じ、景気が回復します。

しかし、人々の間に「非飽和的な流動性選好」があると、そうならないのです。増えたお金は、すべてお金の保有に飲み込まれます。こうなると、いつまでたっても、どんなに物価が下がってもモノへの需要は生まれず、生産は増えず、失業も解消されません。デフレーション（物価の下降）が長期にわたって継続します。これが長期不況なのです。

二〇一三年から開始された日銀の量的緩和政策は、お金を増やして景気を回復させよう、というものですが、マネーサプライが歴史上かつてないほど大量になった二〇一八年時点（一九九〇年代の三倍近く）でも、物価や景気に影響が見られません。これは小野の理論を支持しています。

お金を増やしても円安にはならない

金融緩和を支持する人は、為替について次のような主張をします。すなわち、お金を増やせば、円安になって輸出が増える、という理屈です。これは、「いっぱいあると価格が落ちる」というロジックと同じです。例えば、リンゴがたくさん収穫されると、供給過剰で価格が下がります。これを円とドルに適用すれば、円がたくさん供給されるとドルに対して相対的な価値が小さくなる、つまり、円安になる、ということです。

これに対して、小野は、長期不況下ではむしろ逆になる、と主張します。すなわち、人々が「非飽和的な流動性選好」にはまりこんでいる場合、輸出によって得た外貨（例えばドル）を外国からのモノの購入にあてず、貯めこもうとします。そうすると、輸入に対して輸出が大幅に上回り、貿易黒字が過剰に積まれ、それは当然、円高傾向を引き起こすのです。

これは、輸出促進が結局自国の首を絞める結果になる、という皮肉な結末を生むわけです。つまり、長期不況の下では、「いっぱいあると価格が落ちる」というロジックが、お金に対しては成立しなくなるのです。

暗号通貨と不況は関係するか

以上、お金が社会に何をもたらすかを解説してきました。この視点から、改めて暗号通貨の意味を見てみましょう。

暗号通貨には、いくつかの特性があります。第一に、ネット上のお金であるから、原理的には世界中で通用すること、第二に、P2Pシステムで生み出されるので、中央集権から独立でいられること、第三に、高い匿名性が担保されること、です。

したがって、暗号通貨のどれかが主流通貨となった場合、ユーロどころではない問題を引き起こす可能性があります。

まず、中央集権国家による金融政策は不可能です。また、瞬時に海外との取引が可能となるため、経済的には、国境が意味を失うかもしれません。また、匿名性を利用した脱税が横行する可能性も否定できません。仮に、今世紀、暗号通貨が主要通貨になれば、経済のあり方に大きく変更を迫られるかもしれないのです。

暗号通貨が主要通貨にならなくとも、通常のお金と併用することで、同じ効果が生じるでしょう。例えば、どこかの国の通貨が不安定になれば、その国民は瞬時に、自分のお金を暗号通貨に替えることでしょう。実際に、そのような事例が起きています。ギリシャやキプロスで、銀行が引き出し制限を実施したとき、一部の国民は保有するビットコインをATMから引き出して生活を守ったという報道があります。このような事例が広まれば、多くの人々は、暗号通貨で資産を保有することになるでしょう。また、通貨不安が予想される場合、人々は即座に自国通貨を暗号通貨に替えることでしょう。

政府・中央銀行がマネーサプライをコントロールして景気を回復させようとする場合、資産が他の形に逃げないことが大事です。言い換えると、お金は常に流動性の主役でなければいけません。しかし、歴史を見ると、貨幣は必ずしも流動性の主役ではありませんでした。このあとに論じるように、江戸幕府で小判がお金でなくなり、他のものに流動性が憑依するということが起きました。暗号通貨が信頼を得れば、それは流動性の憑依先になりうるでしょう。そうなると、政府・中央銀行による金融政策は無効化され、金融は不安定さを増すでしょう。すなわち、暗号通貨は不況の原因を作ったり、不況の解消を阻んだりする可能性が高いと考えられます。

江戸の小判政策

お金に関して、江戸時代の研究で非常に面白いものがあります。それは、山室恭子『江戸の小判ゲーム』［文献7］という本に書かれています。

山室は、この本で、歴史学の中にゲーム理論を取り入れました。具体的には、江戸時代の経済を、幕府（江戸時代の政府）・武士・商人のゲームとして分析したのです。

山室が注目するのは、江戸の改鋳政策です。改鋳というのは、江戸のお金である小判を作り替えて新小判とし、旧小判と入れ替える政策です。小判にはゴールドやシルバーが含有されていますが、その量を減らすこともあれば、ほぼ同じにすることもあります。

改鋳の目的は何でしょうか。山室以前の研究では、幕府の財政赤字を解消するためとされていたようです。実際、ゴールドの含有量の多い旧小判と少ない新小判を交換すれば、幕府に濡れ手に粟で（ゴールド量という意味での）差益が生じます。その差益によって、幕府の借金を埋めたかったのではないか、というのが通説でした。しかし、山室は、そうではないと推論しています。理由はいくつか挙げられていますが、説得力があるのは次の二点です。

第一に、新旧小判の同額交換（同額通用と呼ぶ）は商人の抵抗によってほぼ実現しませんでした。結局、ゴールド量が等量になる比例交換（割合通用と呼ぶ）が長く続くことになりました。これでは、幕府には差益が生じません。第二に、もしも財政赤字を解消するためにお金を増やすのなら、むしろ紙幣を発行するほうが手っ取り早いです。実際、江戸時代には、各藩（地方行政）が藩札という紙幣を発行していましたから、幕府だってそれをやればよかったわけです。しかし、幕府はそういう方針は選びませんでした。これらの根拠により、山室は、幕府の目的は財政赤字解消にはなかった、と断じています。

小判の公共性

では、改鋳の目的は何だったのでしょうか。山室は、商人によって退蔵されているお金を世の中に引っ張り出すため、と推論しています。

ここで重要になるのは、江戸時代の金融の特殊性です。江戸時代には、銀行のような独立した金融仲介の業態が存在しませんでした。したがって、お金の貸し借りは、主に、商人と武士の間で行われていたのです。他方で、商人は企業家ですから、お金の貸し手がそのまま投資家と一致している、という特殊事情があります。こうなると何が起きるでしょうか。現代社会では、人々が稼いだお金を貯蓄すると、それは銀行などを仲介として企業に貸し付けられます。すなわち（マクロ経済学の教科書にある通り）、貯蓄＝投資となります。しかし、江戸の社会では、お金の貸し手と投資家が同一のため、「貯蓄をする」ということは「小判を箪笥《たんす》にしまいこむ」ことであり、投資を減らしてしまいます。すなわち、貯蓄＋投資＝一定、となっているということです。

このような江戸社会では、商人の間に貯蓄意欲が高まると、投資や武士への貸し付けが減少して経済停滞の原因となります。言い換えると、商人の金持ち願望が不景気を生み出す、ということです。そこで幕府は、改鋳を契機として、退蔵されている小判を世の中に引っ張り出して、投資を刺激しようとしたのではないか、そう山室は推論しているのです。

この推論の中で山室は、お金の持つ公共性について考察しています。小判が世の中で使われる、ということは、そのまま消費や投資の促進となり、景気を刺激し、社会全体を利することができます。これを逆から見れば、商人が小判を箪笥の中に退蔵することは、その商人個人には「金持ち願望を満たす」という効用をもたらしますが、社会全体ではお金の流通の減少という形で不利益を与え、公共性を損なうことになる、ということです。

二一世紀の現代も、欧米や日本を始めとする多くの国で、景気対策としての大量のマネーサプライが行われています。その効果については、学者の間でもいろいろな議論があります。江戸時代の幕府が、山室が推測しているような意図で改鋳を行ったのであれば、先進的な知見であったと評価することができるでしょう。

流動性の憑依替え

山室の研究でもう一つ興味深いのは、「お金がお金でなくなる」という現象、言い換えると、「お金がお金でなくなり、別のものが代わりにお金になる」という現象です。

幕末の大阪で、米価が10倍になる、という現象が起きました。慶応元（一八六五）年の初め頃から米価の上昇が始まり、慶応二（一八六六）年の九月には、慶応元年の初めに比べて、米価が10倍になってしまったのです。

面白いのは、高騰したのは米価だけで、他の財にはたいした値上がりが見られなかったことです。したがって、これはいわゆるインフレーション（物価の上昇）とは違います。インフレーションとは、すべての財の価格が上昇することだからです。

山室は、この原因を、幕府が長州藩に戦争で負けたことに求めています。幕府がたった一つの藩に敗北するという未曾有の事態が米価高騰の原因だというのです。人々は、幕府が弱体化したことで、幕府の小判が単なる金属に戻ると予想した。つまり、小判に憑依していた流動性が消えてなくなり、代わりに米に憑依替えをしたのです。

山室の考察が示すのは、流動性というのは、常に政府の発行するお金に憑依しているわけではないこと、そして場合によっては、別の何かに憑依替えをする、ということです。

暗号通貨が信頼を得たあかつきには、このようなリアル・マネーから暗号通貨への流動性の憑依替えは非常に簡単になり、頻繁に起こるかもしれません。

第6章　お金とは何か、何であるべきか

ビットコインが流通し始めている理由

ゴールドのような希少な金属がお金となる一方で、政府の発行する単なる一枚の紙もお金になります。だからと言って、どんな金属でもお金になれるわけでもないし、どんな紙切れもお金になれるわけではありません。お金になれるものとなれないものの線引きはどこにあるのでしょうか。

ビットコインを代表とする暗号通貨は、現在、たくさんの種類が存在し、そのうちのいくつかは実際に取引に利用されています。いくつかの取引所では、お金を出して暗号通貨を購入することができ、また、アマゾンの商品をビットコインで購入できるパース（purse.io）というサービスなどもあります（厳密に言うと、別の人がアマゾンギフト券で商品を買い、その購入者にビットコインを支払う仕組みです）。このように、ビットコインはもはや、お金と変わらない存在となっています。他のいくつかの暗号通貨も同様に取引に用いられています。

では、単なる電子情報（2進法の数字）にすぎない暗号通貨が、お金としての価値を備え、アマゾン・ドット・コムで売られている具体的な商品を（間接的な方法ではあるが）買えるのはなぜなのでしょうか。それは、単にセキュリティの問題がブロックチェーンのアイデアで解決したから、では説明がつきません。これを理解するには、そもそもお金とは何か、ということについて考える必要があります。

お金の役割①　価値保蔵手段

経済学の教科書では、お金は次の三つの役割を果たす、と説明されています。

(1)価値保蔵手段
(2)計算単位
(3)交換手段

最初の「価値保蔵手段」とは、経済主体（個人や企業や公共機関など）が保有している購買力（モノを買うことができる力）を、未来まで保持する手立てのことです。

例えば、仮にあなたが今月漁業で働いて、報酬を獲った魚100匹で受け取ったとします。100匹の魚はそれなりの価値を持っていますから、あなたは現在、ある水準の価値を保有しているわけです。その価値は、今自分で享受することもできますが、さすがに100匹食べきるのはしんどいです。したがって魚を、もっと欲しい何か、例えば、野菜や果物と交換したくなります。これを「購買力」と言います。購買力というのは、他の財に交換できる力のことです。

ところが、魚100匹分の価値をすべて野菜や果物などに替えた上で、それらを現在のうちに消費してしまうならいいのですが、そうでなく残しておいて未来に使いたいと考えた場合はどうでしょう。魚のまま保有することも、野菜や果物に替えることも正しくありません。すぐに腐って、価値を失ってしまうからです。もちろん、日持ちのする保存食品や衣服に替えて価値を持ち越すこともできますが、最も適しているのはお金に換えることです。お金は、半永久的に腐敗したり消滅したりすることがないからです。

このように、自分の価値、すなわち、購買力を未来に持ち越すことを可能にする役割を、お金が果たすのです。それが価値保蔵手段です。これを満たす必要条件は、「腐食や劣化がしにくい」ということになるでしょう。

お金の役割② 計算単位

二番目の「計算単位」とは何でしょうか。これは、すべての商品の価値を統一的な単位で表して交換をスムーズにする役割、ということです。

例えば、Tシャツ1枚がリンゴ10個と同じ価値を持つとしましょう。つまり、リンゴ10個を手放せばTシャツ1枚が手に入る、ということです。そして、フランス料理のディナーがTシャツ7枚で手に入るとします。すると、フランス料理のディナーがリンゴ何個で手に入るかは計算できます。すなわち、10×7＝70個ということです。

このようなモノをモノで測る価格付けを「相対価格」と言いました。原理的には、相対価格で取引は可能ですが、非常に面倒であることは火を見るより明らかです。そこで、すべてのモノの価値を統一して表すものさしが欲しくなります。それがお金だというわけです。

実際、フランス料理のディナーが7000円、Tシャツが1000円、リンゴを100円と設定すれば、さきほどの相対価格が実現されます。

お金の役割③　交換手段

最後の「交換手段」とは、つまり、「交換のたやすさ」を極限まで高めたものという意味です。

一般に、モノでモノを買うことはできません。原始的な社会や、戦時中などの混乱した時期などを除けば、物々交換は非常に困難です。自分の捕獲した魚を野菜と取り替えたくとも、野菜を持っている人が魚を欲していなければ実現できません。物々交換が成立するためには、「自分の持っているモノを相手が欲し、相手の持っているモノを自分が欲する」という「欲望の二重の一致」が必要です。これが生じるのは、一般に、小さい確率に違いありません。

それで、誰もが受け取ってくれる共通物が不可欠になります。それがお金だということです。お金は、「誰もが受け取ってくれるだろう」とみんなが信じていることで流通します。この「受け取りの容易さ」、すなわち、「いつでも好きなときに好きなモノと交換できる」という性質のことを流動性と呼びました。流動性は「一般受容性」とも言います。

捕虜収容所ではタバコがお金になった

『マンキュー　マクロ経済学』［文献8］という有名な経済学の教科書にラドフォードという人の論文が引用されています。戦争における捕虜収容所では、捕虜たちに支給される物資の中では、タバコがお金の役割を果たした、という内容の論文です。

配給される物資の中で、価値の保蔵手段、計算単位、交換手段、のすべての機能を備えるものがタバコであろうことは容易に想像できます。

まず、タバコは、腐食したり劣化したりしにくいので、価値を保つことが容易です。次に、タバコは1本1本が小さく、1ケースの中に本数が多く入っています。そのうえ、それぞれ1本分のタバコの容量は一定なので、計算単位に大変適しています。

問題は最後の「交換手段」になぜなり得るか、ということです。第一に考えられるのは、喫煙者が多く、「交換できないときには、自分で消費すればいいや」と判断ができるので受け取りやすい、ということでしょう。このようなタバコの一般受容性は、タバコの流動性を高めます。これが、タバコがお金になり得る理由でしょう。大事なことは、いったんタバコがお金化すると、喫煙をしない人もタバコを受け取るようになることです。これは、タバコを消費のために受け取るのではなく、あくまで交換手段として受け取る、ということなのです。

お金は姿がなくとも機能する

マンキューの教科書には、面白いお金の例が、もう一つ載っています。ヤップ島のお金の例です。太平洋に浮かぶヤップ島という小島におけるかつての交換手段は、フェイと呼ばれる石の輪であり、中には直径12フィートに及ぶものもあったといいます。つまり、ヤップ島のお金は石貨だったのです。

石貨は重くて持ち運びに不自由するので、次第にその「所有権」だけが移動するようになりました。そして、最後は究極的な事態に陥ったのです。嵐によって石貨が海に沈んでしまいました。しかし、これは不慮の事故とみなされ、所有者の所有権は保持されました。その後は、海底にある石貨の所有権だけが交換されることになったのです。数世代を経ると、もう誰も石貨を見たものはいなくなりました。しかし、相変わらず、その所有権はお金として機能し続けたのだそうです。

石貨を先ほどの(1)、(2)、(3)の観点で見てみましょう。まず、海底にあるとはいえ、石ですから価値保蔵手段は満たします。しかし、計算単位は難しいでしょう。なにせ大きな石なのですから。交換手段はどうでしょうか。石は海底にあるのですが、「存在する」ということは、島民みんなが知っています。見たものがいなくとも、伝承によって、存在は確認されていきます。したがって、その所有権という「権利」を交換に用いる、ということは十分にあることです。石貨自身は大きく重たいので、その所有権だけで交換を運用するのが合理的です。

こう見てみると、大きな石それ自体は、交換に何も意味を持たないことがわかるでしょう。大事なのはその所有権なのです。これは、形のない抽象物です。忘れないように、「今、誰が所有しているのか」を紙に書きとめておくなら、それは単なる「情報」となります。そうです、ビットコインの電子情報と同じです。ヤップ島のフェイには、ビットコインがなぜお金になるのか、その秘密の一端があるのです。

ビットコインにお金の資格があるか

以上、お金となり得る資格について説明してきました。この観点からビットコインを見るとどうなるでしょうか。

まず、計算単位となることは明らかです。ビットコインは細かい単位でも取引可能です。交換手段となることについては微妙です。国によっては、商品との取引を禁じているからです。しかし、前述したパースのように、直接の売買に見えない形で、商品との交換を可能にする抜け道もあります。実質的には、交換手段になっていると言えます。

第4章でも紹介したロゴフは、価値保蔵手段に関して疑問を呈しています。現在、ビットコインの価格変動は非常に大きく、価値を保蔵するには甚だ心許ないです。例えば、ゴールドは、ニクソン・

ショック前には、非常に安定した価格を保っていたので、価値保蔵手段として優れていました。ビットコインがそうなるためには、価格の安定が必要でしょう。

しかし、ロゴフの指摘するような価格の乱高下は、ビットコインがまだお金として認知されていないことと表裏一体の関係にあります。お金として認知されることと、価格が安定することは、同時に生じるはずです。つまり、人々がビットコインをお金だと見なすようになれば、ビットコインはお金になるのです。同語反復（トートロジー）のように見えますが、お金には、このような同語反復が常につきまとっています。

さらに、ビットコインをはじめとする暗号通貨には、先ほど挙げた三つと異なる特性があります。それは「匿名性」と「情報記録能力」です。

あまり意識されないことですが、紙幣には匿名性という特質があります。紙幣を使ってモノを買うとき、「誰が」買っているのかは知られないということです。クレジットカードなどの電子的なお金は、取引者の氏名がわかってしまいますから匿名性がありません。匿名性は、ある場面では重要性を持つことはすでに説明しました。ビットコインの匿名性は微妙だと65ページで説明しましたが、イーサリアムなどは匿名性を持っています。

また、匿名性とは逆の性質になりますが、イーサリアムなどの暗号通貨は、ブロックに取引以外の情報を書き込んでおくことが可能です。これは、従来のいかなるお金にもなかった性質です。このことは暗号通貨の大きな可能性となります。

お金の成立条件についての研究のそれぞれ

何がお金となり得るか、ということに関する経済学での研究は、前世紀後半から、急速に進展しました。価値保蔵手段、計算単位、交換手段それぞれに対して、説得力の高い研究が発表されました。まず、価値保蔵手段については、これから紹介するサミュエルソンの世代重複モデルの研究に始まり、第8章で紹介するコチャラコタのゲーム理論を用いた研究にいたるまで、豊富に存在します。計算単位についての研究は、非常に新しく、つい最近の二〇一七年に、ドエプケとシュネイダーによって開発されました。

交換手段の研究では、一九八九年に発表された清滝信宏とランダル・ライトの研究によって突破口が開かれました。これは、ゲーム理論を基盤としたサーチ理論というものを用いるものです。現在も多くの経済学者の研究によって着実な発展を遂げています。

この章では、価値保蔵手段と計算単位について解説し、交換手段については、第9章で解説することにします。

サミュエルソンの世代重複モデル

お金を価値保蔵手段としてモデル化したのは、アメリカの経済学者ポール・サミュエルソンの古典的な論文［文献16］です。しかも、これは今となっては、あたかもブロックチェーンの出現を予言しているように見える、先見の明のある研究なのです。

第1部で見たように、ビットコインとは、マネーの特質を緻密に検討した上で、P2Pによるブロックチェーンの分散管理を可能にした技術でした。取引履歴のブロックがチェーン状につながった情報の鎖をそのままマネーと見なすものだったわけです。

これは、従来のリアル・マネーから見れば、非常に奇異な発想です。しかし、経済学の研究も捨てたものではなく、サミュエルソンの研究は、これと瓜二つの発想でした。

サミュエルソンはこの一九五八年の論文で、世代重複モデル（Overlapping Generations Model；OLG）というものを提示しました。サミュエルソンの業績は多方面にわたっており、一九七〇年にノーベル経済学賞を受賞しました。また、長い間、大きな影響力を持った経済学の教科書を書いた人としても有名です。サミュエルソンのアイデアは、その後、ピーター・ダイヤモンド（一九六五年）やニール・ウォーレス（一九八〇年）の論文によって発展し、それが重要なものであることが認知されるようになりました。

世代重複モデルの基本構造は？

サミュエルソンの世代重複モデルは、まさに、リアル・マネーを用いた市場取引をブロックチェーンと同一視する発想そのものなのです。

ここではサミュエルソンのモデルを簡易化したもので解説します。

図6-1を見てください。この図が世代重複モデルの基本構造となっています。

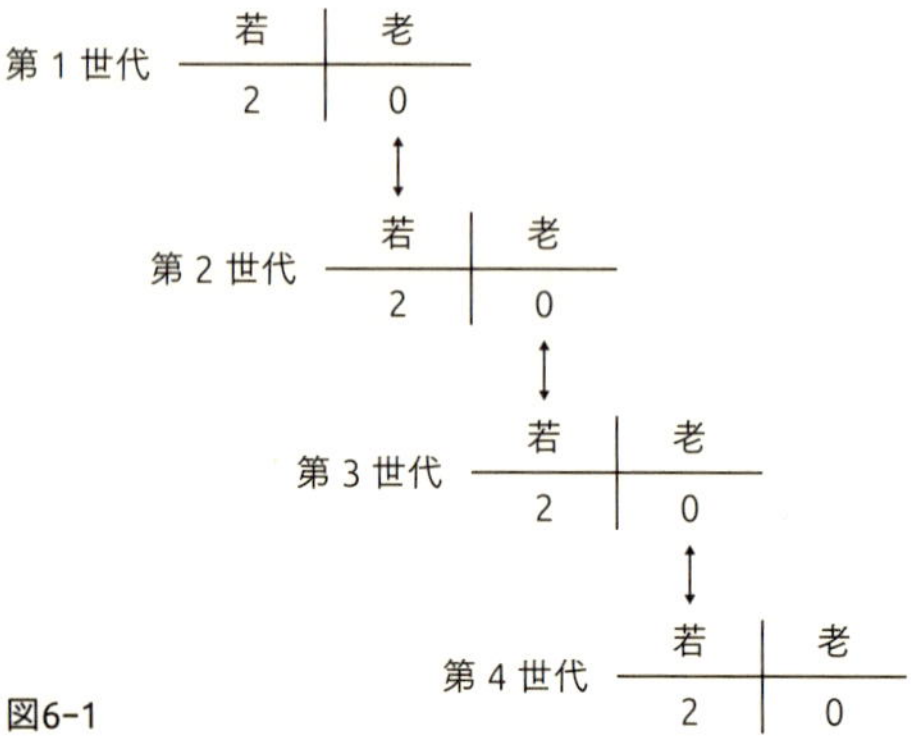

図6-1

まず、「第1世代」「第2世代」のように書いてある線分は、国民を表しています。例えば、一億人を単位として、各世代1単位の人数の国民が存在している、とします。

各世代は「若年期」と「老年期」の二期から成っています。おおまかすぎる分類ですが、これから述べようとしていることにはこのような単純化で十分です。どの世代も、二期を生きて死んでいきます。各世代は、若年期に子どもを同数産みます。つまり、一億人が五千万カップルとなって、各二人ずつ子どもを産んで、次世代の人口も一億人（1単位にあたる）になるのです。したがって、第n世代の老年期と第n＋1世代の若年期が同じ時代を重なって生きます。図の両矢印（↕）は「重なって生きている」という意味になっています。

次に生産のことを定義します。各世代は若年期に2単位の財を生産することができます。ここで財とは、「楽しい生活を営むための商品」のようなものをイメージしてください。生存に必要な最低限の暮らしは保証されていて、その上で「楽しい生活」のための財を生産し、消費している、とするのです。その

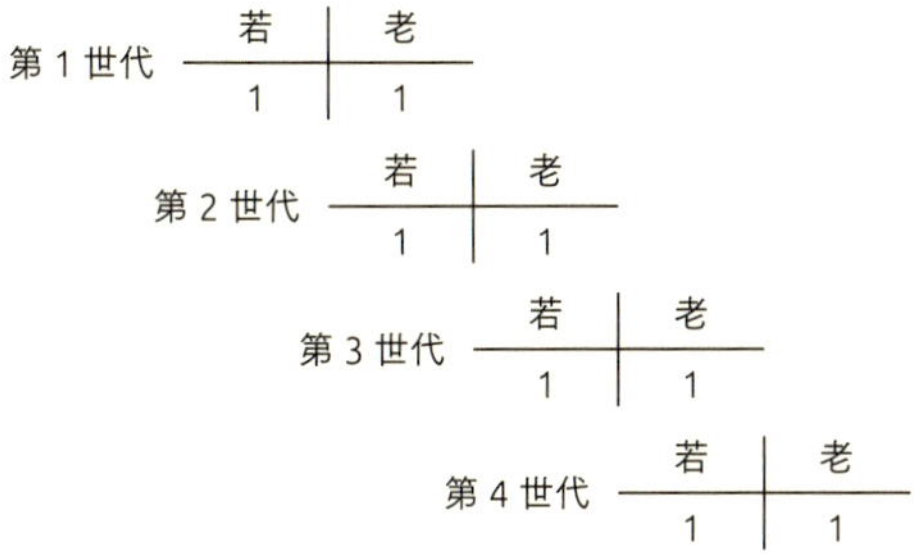

図6–2

ような財が一種類しかないのは、専門外の読者には奇異に映るでしょうが、そのような財がたくさんあっても、議論の本質的な部分には影響がないから単純化しています。

もう一つ、老年期には財を生産することができない、と仮定します。そして、財には貯蔵方法はなく、次期に財を持ち越して消費することはかなわない、と設定します。このような極端な仮定は、議論をすっきりさせるための工夫ですから、疑問を持たずに受け入れてください。財の貯蔵についての極端な仮定は、老後の生活のためにお金という存在が必要になることを解明するためなのです。

リタイア後の暮らしをどうするか

経済学では、国民の生活設計に対する選択を議論するために、「選好」という概念を持ち出します。「選好」とは、消費に対する選り好みのことです。経済学では、この「選好」という概念を使って、経済行動を分析するのが基本なのです。

図6－2を見てください。

これは、どの世代も「若年期に1単位、老年期に1単位を消費する」ような消費の仕方を表しています。ここで、図6－2の消費（若年期に1単位、老年期に1単位の消費）のほうを、図6－1の消費（若年期に2単位、老年期に0単位の消費）より国民が好んでいる、と仮定しましょう。

ここで、老年期にも財が消費できるほうが好ましいのは当たり前、と思う読者もおられるかもしれません。しかし、注意してほしいのは、図6－1でも図6－2でも、一生の間の総消費は2単位で同じである、という点です。総量的には同じなのですから、図6－1のほう、すなわち、若年期に2単位消費し尽くしてしまって老年期はつつましやかに暮らすほうが好ましい国民だっているかもしれません。好みは人それぞれです。ここでは、人の嗜好がさまざまであることを前提とし、分析に便利な仮定をわざわざ置いて、国民の好みを一意的に定義しておくのです。

さて、図6－2の消費のほうを図6－1の消費よりも国民が好んでいる、と仮定しました。これは、国民が、若年期に生産した分すべてを消費し尽くしてしまうより、若年期と老年期とで平均化して消費したい、と望んでいることを意味しています。このような選好は、専門的には「消費のスムージングの選好」と呼びます。

では、図6－2の消費（若年期に1単位、老年期に1単位の消費）を実現するにはどうすればいいでしょうか。最も簡単なのは、若年層から老年層に、財1単位を譲渡することでしょう。それを表しているのが、図6－3です。図の矢印は、「その方向に財が渡される」ということを意味しています。

もしも、このような譲渡が実行可能なら、すべての世代の消費が改善されることになります。結果

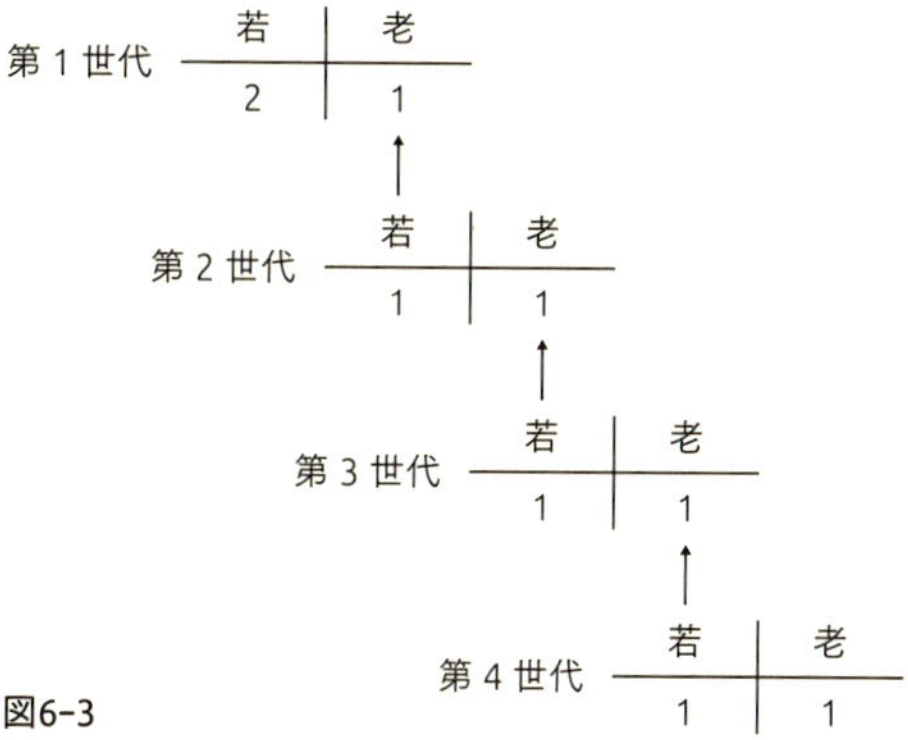

図6-3

的に国民は、若年期も老年期も消費ができるようになります（第1世代だけ、他と異なる消費になっていますが、このことは後ほど解説しますので、今は気にしないでください）。

　政府など何らかの中央集権組織が法令によって強制すれば、これは可能になります。実際、現在の日本での賦課方式の年金制度はこのシステムと同じです。賦課方式とは、現役世代から徴収した税金をリタイア世代の年金として流用する仕組みをいいます。サミュエルソンはこのモデルを提示することによって、人口増加が続く社会においては、この制度が「破綻のないネズミ講」であると示唆したのです。しかし、ここでは、この点には注目せず、あくまでお金の働きのほうに集中しましょう（この点に興味がある方は、［文献9］を参照のこと）。

リアル・マネーが解決策となる

　大事なことは、権力による強制力なしに、図6－3のような取引が自発的に生じることはありえない、ということです。なぜなら、若年層には、老年層への財の譲渡に対する見返りが何

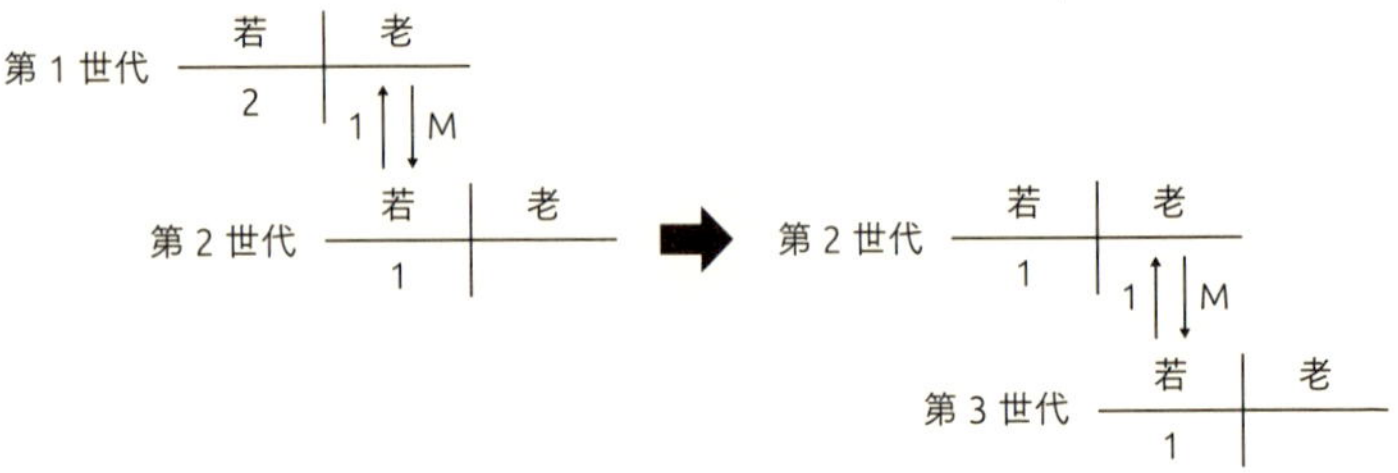

図6-4

もなく、譲渡の動機付けがなされないからです。そこでサミュエルソンは、権力による強制力がない場合でも、リアル・マネーが導入されれば、この取引が実現されることを次のように示して見せたのです。図6－4を見ながら読み進めてください。

今、第1世代全員が若年期に「特殊な紙切れ」Mを1枚ずつ持っていたとしましょう。Mは単なる紙であり、腐食しないので、老年期まで持ち越すことができます。さらには、どの世代も「この特殊な紙切れMと、財1単位が交換できる」となぜだか信じている、と仮定します。すると、図6－3の消費配分が実現することになるのです。なぜでしょうか。

まず、第1世代の老年層の所有する紙切れMと第2世代の若年層が生産した財の1単位が交換されます。交換の動機は次のようなものです。老年層にとっては、紙切れMを持っていてもM自体を消費はできないし（ただの紙切れなので）、また、次期までは生きられないから、Mを手放して財と交換し、消費をするほうが好ましい。他方、若年層は、今期に紙切れMを手に入れればそれを老年期になったときに財と交換できる、と信じているので、この交換によって自分の生涯の消費生活を改善できます（図6－3の消費ができる）。したがって、互いの欲望がかみ合うので、交換が可能となるわけなのです。これは87ページで紹介した「欲望の二重の一致」です。権力の強制なしに経済的な取引が成立するには、この「欲望の二重の一致」が存在しないといけません。

第1世代の老年層と第2世代の若年層の取引が実行されると、次は第2世代が老年期に至ったときに、第2世代の老年層と第3世代の若年層の間で、同様の取引が実行されます。繰り返しになりますが、取引が可能となるのは、老年層は財のほうが紙切れMより好ましく、若年層は紙切れMを手に入れれば自分の生涯の消費を好ましい方向に改善できると信じているからです。したがって、第2世代が老年期に持ち越した紙切れMと第3世代の若年期の財1単位が交換されることになります。以下、同様なことが続いていくのです。

お金の背後には「信念」がある

このように単なる紙切れに過ぎないもの（紙切れM）が社会に存在し、旧世代から新世代に手渡されていくだけで、すべての世代の消費が改善されることが示されました。これこそがリアル・マネーの存在意義である、とサミュエルソンは主張したわけです。

最も大事な点は、この取引において、老年層と若年層の動機には決定的な違いがある、ということです。老年層は、紙切れMより財のほうが好ましい、という直接的な選り好みを動機としています。一方で若年層が財を手放すことは、単純な選り好みからの行動ではないのです。若年層が取引に応じるのは、「紙切れMを手に入れれば自分の生涯の消費を好ましい方向に改善できると信じている」ということ、すなわち、予想、推論、信念を背景としています。このように、お金がその機能を発揮するためには、国民の心の中にある「信念」のようなものが必要となるのです。

ここで「信念」という表現を使うのは、通常の「信用」とは異なる意味を与えたいからです。国家には「信用」があり、銀行には「信用」がある、というのは、たしかにそうです。しかし、よく考えるとその「信用」は根拠のあやしいものです。人々が国家や銀行を「破綻しない」と信じ込んでいるから「信用」があるわけです。それは単なる「思い込み」にすぎないものです。経済学ではそういう人々の「思い込み」を「信念」と呼んでいます。

この点が、お金の機能を分析する際の要《かなめ》となります。これについては、第3部で詳しく論じますので、ここではいったん棚上げしておきます。

シニョレッジとは何か

もうひとつ注目したい点があります。図6－4において(図6－3においても)、第1世代だけが生涯通算で3単位消費できている、という点です。他の世代よりも1単位分消費が多いわけです。これは何でしょうか。

この増加している1単位の消費を、専門的には「シニョレッジ」と呼びます。シニョレッジとは、日本語では「通貨発行益」と言います。第1世代は、生産を増やすことなく、つまり、コストをかけることなく、1単位分余計な財を消費できています。ところが、その後のどの世代にも損失は全く生じていません。どの世代も、2単位生産して2単位を消費できています。したがって、増加した1単位は、まるで手品のように出現したことになるわけです。

この第1世代の余分な消費、まさに濡れ手に粟はどこから来るのでしょうか。経済学では、それを「お金という便利なものを発行した」ということから得られる利益と説明します。それが「通貨発行益」の意味することです。

お金を生み出すことは、誰にでも可能なことではありません。先ほど説明したように、紙切れMがお金として機能するためには、それを交換に使えるという国民の「信念」が必要です。第1世代がコストなしに濡れ手に粟となっているのは、後世代のこのような「信念」を紙切れに付与できたことに起因します。これが「通貨発行益」の源泉なのです。

普通は、国家がお金を発行します。それは国家に対する信頼を背景としています。国家は印刷した紙幣と引き替えに、公共事業のための財を調達できます。シニョレッジの語源は、古フランス語で「君主」を意味する「シニョール」であるとのことですから、一般には国家の得るものとされます。

シニョレッジによる利益は、日本とアメリカではGDPの0・4パーセントほどになっています。非常に大きいところでは、香港がGDP比1・1パーセント、ロシアがGDP比1・37パーセントにもなります。

そんななか、注目すべきは、スウェーデンです。この国では現金発行が減り続け（65ページ）、シニョレッジはマイナスになっています。これはスウェーデン国立銀行の考え方が、中央銀行は経済全体の長期的な健全性の維持に力を入れるべきであって、銀行自体の収益に拘泥すべきではない、というものだからだそうです［文献5］。

もちろん、政府でなくともシニョレッジの恩恵に浴することはできます。金貨がお金として流通していた頃は、ゴールドの採掘者がシニョレッジを得ました。ゴールドを新規に発掘した人々は、そのコストを上回る財をゴールドとの交換によって手に入れることができたからです。

ビットコインもお金の一種だから、当然、シニョレッジが発生します。実際、ＰｏＷ（演算量証明）という「採掘《マイニング》」によってブロックを追加した採掘者《マイナー》にビットコインで報酬が支払われています。ただし、支払われるビットコインが本当に利益になるためには、ビットコインがお金として使われることがなければなりません。それには、ビットコインが「お金だと信じられる」ことが必要条件なのです。

ブロックチェーンは、お金を意味する

以上、サミュエルソンの世代重複モデルを紹介してきましたが、これがブロックチェーンそのものであることは明らかでしょう。各世代をブロックに、各世代が手に入れた紙切れＭを電子署名に置き換えれば、そのままビットコインのブロックチェーンとなります。

ただし、大きな違いがあります。サミュエルソンのモデルでは、お金は紙切れＭです。他方、ビットコインは第1世代と第2世代の取引、第2世代と第3世代の取引、……これらの取引すべてをブロックチェーンとして記録したそのものがお金と定義されるからです。リアル・マネー（紙切れMに対応する）ではこのような「取引全体の記録」が不要で、ビットコインでは必要になるのはどうしてでしょうか。ここにも、経済学の知見が活躍する余地があります。それは第3部で解説することとしましょう。

計算単位はなぜ問題になるか

次に、計算単位としてのお金の機能についての論文を紹介しましょう。マチアス・ドエプケとマーティン・シュナイダーの二〇一七年の論文（Money as a Unit of Account）です［文献17］。彼らはこの論文によって、取引の決済では、「何を単位に行うのか」が問題になる理由を説明しました。

彼らの説明を、非常にざっくりとまとめてみましょう。

今、決済の手段として、ドルとユーロが想定できるとします。とってつけたようですが、次のようなシミュレーションを考えましょう。

商品の売り手Aさんと買い手Bさんがいます。第1期に、AさんとBさんは、売買契約を結びました。Aさんが第2期に生産した商品を、AさんはBさんに第3期に引き渡します。Bさんは、第2期に所得を得て、第3期にその所得を使ってAさんへの商品の支払いをします。

このとき、ポイントになるのは、第1期の契約の際、ドルを単位に契約するか、ユーロを単位に契約するかです。あるいは、ドル0・5単位とユーロ0・5単位を組み合わせたものを1単位として、「何単位」という契約をするような変わった形式も考えに入れます。最初のが（1, 0）という計算単位、二番目が（0, 1）という計算単位、三番目が（0.5, 0.5）という計算単位です。

この論文が指摘する計算単位の持つ問題とは、「相対価格の変動リスク」というものです。

Bさんが第2期に受け取る所得がドルであると仮定します。もしも、第1期の契約がドルであるなら、契約は第2期に受け取る所得めいっぱいまでとすればいいでしょう。しかし、もしも、第1期の契約がユーロ建てであるなら、第2期に受け取る所得の価値はドルとユーロの相対価格（為替）に依存することになります。所得で支払える以上の契約をすると破産してしまうので、最悪の場合を踏まえて契約をしなくてはなりません。例えば、ドル1単位で手に入るユーロが「0・8単位以上1・2単位以下」と推測するなら、安全に契約できるのは0・8単位までということになります。これは、計算単位をドルでなくユーロで契約したことのデメリットにあたると判断できます。

このリスクは、単位を（0.5, 0.5）とすると、別の大きさになることは明らかです。計算単位を（x, y）（ただし、$x+y=1$と設定）とした場合には、それぞれ固有のリスクが生じるはずです。したがって、計算単位を選ぶということは、リスクを選ぶことと同じだと彼らは主張するわけです。

これらのことは、ドルとゴールドでも、ドルとビットコインでも起こりうることです。ドエプケとシュネイダーは、お金となりうるすべてのものを組み合わせたバスケットを考え、それをどういう比率で組み合わせると、最適な計算単位になるかを解析しました。

以上、価値の保蔵手段、計算単位に対する研究を紹介しました。経済学におけるお金に対するアプローチの片鱗が見えたのではないか、と思います。次の第3部では、ゲーム理論を応用して、暗号通貨やブロックチェーンについての理解を深めてもらいます。

3

ブロックチェーンのゲーム理論

第7章　ゲーム理論に入門する

ブロックチェーンとゲーム理論は相性がいい

第1部ではブロックチェーンの仕組みを、第2部ではお金の機能を説明しました。とりわけ第2部を読めば、暗号通貨が経済理論と非常に相性がいいこと、経済理論の知見から見れば暗号通貨が突飛な発想ではないことがわかったでしょう。

実は、経済学の中で、暗号通貨ともっと相性のいい素材があります。それがゲーム理論です。ゲーム理論とは、人々の活動をゲームだと見なして分析する分野です。ビットコインやブロックチェーンは、ある見方をすれば、あたかもゲームをプレイしていると解釈できます。したがって、暗号通貨やブロックチェーンの可能性を探るには、ゲーム理論の利用が有益です。

この第3部では、ゲーム理論をばんばん使いながら、暗号通貨やブロックチェーンにアプローチします。その準備として、この章でゲーム理論について、多少丁寧な解説をしておきましょう。

ただ、本書では、暗号通貨やブロックチェーンやお金の機能を分析する際、ゲーム理論を厳密に適用することはせず、直観的な解説だけで済ませます。それは、厳密に適用するより、むしろ本質が見えやすくなるからです。したがって、必ずしもゲーム理論をきちんと理解していなくて大丈夫です。煩わしいと思う読者は、先に次の章に進み、必要になったら適宜この章に戻るのでもかまいません。

ゲーム理論ってなに？

ゲーム理論は、人間のあらゆる活動を単なるゲームと見なして、数学的に分析する分野です。一九四四年に、数学者フォン・ノイマンと経済学者モルゲンシュテルンのコンビが発表し、学問界に衝撃をもって迎えられました。それは行き詰まりが見え始めていた経済学を刷新するばかりでなく、社会学、政治学、生物学、法学、心理学などさまざまな分野に波及することになりました。なぜなら、人間（を含む生物）の活動には、「闘争」や「協力」として理解できることが多く、それはゲームそのものだからです。

ゲーム理論の基本構造は、「プレーヤー・手番・情報・行動・利得」から成ります。

ゲームを戦う主体が「プレーヤー」です。そして、各「プレーヤー」が、自分の「手番」のときに持っていて参照できるのが「情報」です。それら「情報」を参照して、自由に選べるのが「行動」です。最初の「手番」から順に、「プレーヤー」たちが自分の「手番」で「行動」を選ぶと、ゲームが進行してゆき、最後はゲームの結末に到達します。ゲームの結末では、各「プレーヤー」に得点が与

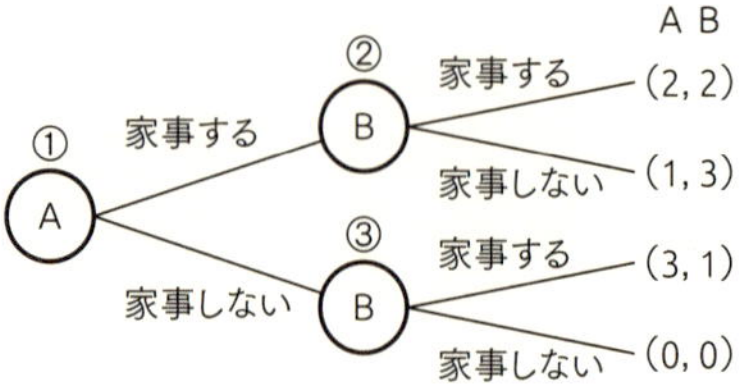

図7-1

えられます。その得点が「利得」と呼ばれます。

ゲームの構造は、「ゲームツリー（ゲームの木）」というもので表されます。ゲームツリーでは、手番を点で表し、行動を点から出る線で表します。したがって、ゲーム全体は樹形図で表現されます。それがゲームツリーです（例えば、図7－1）。簡単に言えば、ゲームツリーは、時空の分岐（パラレル・ワールド）の様子を表現するものなのです。ゲームツリーの最後の枝先に貼り付けられている点数が、「利得」となります。ゲームツリーでの枝の辿り方は「ゲームがどう進行したか」を表します。したがって、ゲームの進行は多種多様になります。

ゲームの具体例を見てみよう

以下、簡単な具体例を示しましょう。

図7－1のゲームツリーは、夫婦のゲームを表しています（理論において男女であることに意味はありませんが、便宜上、ここでは「夫」と「妻」と呼びます）。プレーヤーは、妻Aと夫Bです。○印が手番を表し、中にAと書いてあれば妻Aの手番を、Bと書いてあれば夫Bの手番を意味します。○印から出ている2本の枝が、プレーヤー（妻Aまたは夫B）の選べ

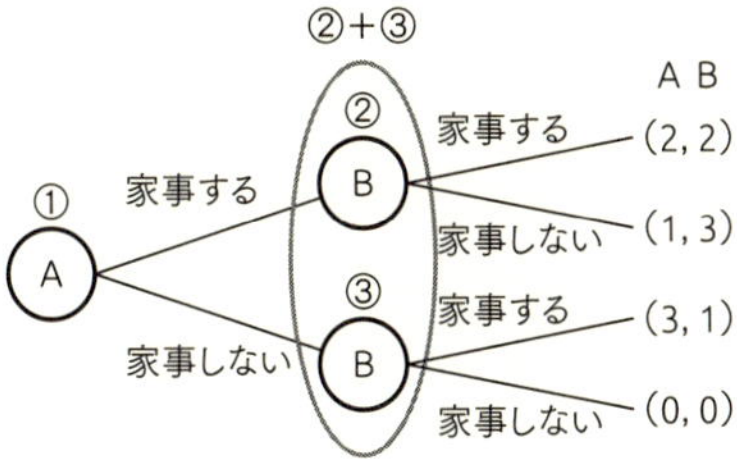

図7-2

る行動を表します。この場合、選べる行動は妻A、夫Bともに、「家事する」または「家事しない」のどちらかです。

まず手番①において、妻Aが「家事する」「家事しない」のいずれか一方の行動を選択します。「家事する」を選べば②の手番が実現します。「家事しない」を選ぶと③の手番が実現します。手番②と手番③は、どちらか一方しか実現しないので、時空が二つに分岐していること（いわゆる、パラレル・ワールド）を意味しています。

手番②が実現した場合、夫Bは、妻Aが「家事する」を選ぶことを前提にして（情報として）、「家事する」「家事しない」のいずれか一方の行動を選択します。「家事する」を選ぶとゲームが終了し、利得が決まります。この場合はAが2点、Bも2点を獲得します。他方、「家事しない」を選ぶと、別のゲーム終了となり、Aが1点、Bが3点を獲得します。

手番③が実現した場合、夫Bは、妻Aが「家事しない」を選ぶことを前提にして（情報として）、「家事する」「家事しない」のいずれか一方の行動を選択します。「家事する」を選ぶとゲームが終了し、利得はAが3点、Bが1点となります。他方、「家事しない」を選ぶと別のゲーム終了となり、利得はAが0点、Bが0点となります。

このゲームは、夫婦のどちらが家事を負担するか、という一般的な家庭のあり方をゲームと見なしたものです。利得構造は次のことを意味しています。すなわち、両人で家事をすると、ともに暮らしやすいので両人が2点の利得を得ます。両人とも家事をしないと、家が片付かず生活が荒れるので両人とも0点となります。一方だけが家事をすると、両人とも暮らしやすくなるものの、家事をする側は負担が大きいから1点と利得は小さく、しない側は労力をかけないので大きな利得3点を得る、ということです。

このゲーム（図7－1）においては、妻Aが選ぶ行動を知った上で、夫Bは自分の行動を決めることができます。つまり、妻Aの行動選択は夫Bの「情報」となっているわけです。

別のあり方として、夫Bが妻Aの選ぶ行動を知らない場合もあり得るでしょう。夫婦で話し合いをしないで、自分の選ぶ行動は心の中に秘めているような場合です。その場合は、②と③の手番は夫Bにとって区別のつかないものになります。より正確に言うと、夫Bには手番が回るのですが、自分が②の時空にいるか③の時空にいるか判別できないままで、行動「家事する」「家事しない」の一方を選ぶようなケースです（二人とも同時に行動を選択している、と解釈してもよい）。その場合のゲームツリーは図7－2のように描かれます。

手番②と手番③を囲んでいる大きな○印は、手番②と手番③が夫Bにとって区別のつかないものであることを表しています。この場合、夫Bの情報は「②の手番が回った時空または③の手番の回った時空のどちらかに自分がいる」ということだけになります。

「戦略」とは、すべての手番で行動を決めること

ゲーム理論を理解するためには、「戦略」という概念の理解が大事です。そして、普通の人には、この「戦略」というものがなかなか飲み込めないのです。「戦略」の理解は、ゲーム理論の理解ばかりでなく、日常生活やビジネスにも役立ちます。

ゲーム理論において、プレーヤーの「戦略」とは、そのプレーヤーの全手番での行動を決めたもののことです。大事なことは、その他のプレーヤーの行動戦略を見てから、その場その場で決めるのではなく、事前にすべての手番について行動を決めておく、という点です。したがって、実際には回ってこない手番についても行動を選んでおくことになります。

このように定義される「戦略」は、実生活でも大事なことです。多くの人は、優柔不断なため、相手の行動を見てから自分の行動を決めたい誘惑にかられます。しかし、そのような場当たり的な行動は、えてして悪い結果をもたらすものです。人生をうまく生きている人は、常にあらゆる状況を想定し、「ああなったらこうしよう」と事前に対応策を考えています。まさに、それこそがゲーム理論でいうところの「戦略」なのです。

まず、図7－1のゲームツリーを持つゲームを例に「戦略」を見てみましょう。

プレーヤーAの手番は①のみですから、Aの戦略は、「①でどの行動を選ぶか」を決めれば決まります。他方、Bの手番は②と③の二つあります。したがって、Bの戦略は、「②でどの行動を選ぶか」と「③でどの行動を選ぶか」と両方を決めることで決まります。

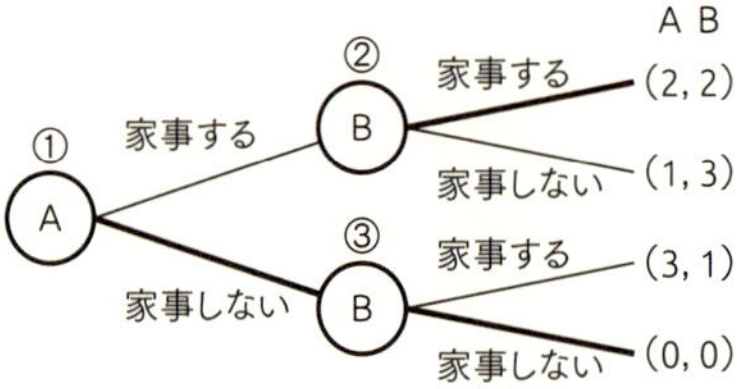

図7-3　ゲームの進行は、手番①からスタートして、各手番で選択される行動（太線）を辿ることで決定される。

例えば、Aの戦略を「①で行動『家事しない』を選ぶ」としましょう。そして、Bの戦略を「②では『家事する』、③では『家事しない』を選ぶ」としましょう。これで、両プレーヤーの戦略が決まりました（図中の太線）。

全プレーヤーの戦略が決まると、「ゲームがどのように進行してどんな結末を迎えるか」が与えられることになります。この場合は、①でAが「家事しない」を選ぶことから、Bには③の手番が回ります。そして、③の手番では、戦略からBは「家事しない」を選ぶので、結局、「①でAが『家事しない』を選び、③でBが『家事しない』を選ぶ」という風にゲームが進行し、利得は、Aが0点、Bが0点となります（図7－3）。

次に図7－2のゲームツリーを持つゲームでの「戦略」を見てみましょう。このゲームは、プレーヤーが互いの行動を心の中に秘めているため、手番が意味を持たず、BはAの選んだ行動がわからない形になっています。

プレーヤーAの戦略のあり方は先ほどのゲームと同じですが、プレーヤーBについては事情が変わります。プレーヤーBは手番②と手番

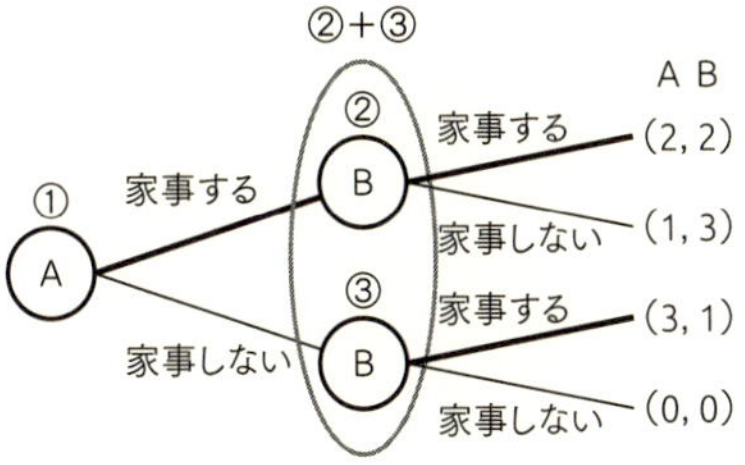

図7-4　プレーヤーBは、②と③を識別できないため、同じ行動しか選べない。太線を辿れば、ゲームの進行が決まる。

③とを識別することができませんから、先ほどのように②と③で別々に行動を決めておくことができません。したがって、プレーヤーBの戦略は大きな○印で書いた、「②+③の手番でどの行動を選択するか」を決めることになります。すると、枝は2本ずつ出ていますが、同じ行動の枝を選ばなくてはなりません。

今、プレーヤーAの戦略を「手番①で『家事する』を選ぶ」だとし、プレーヤーBの戦略を「手番②+③で『家事する』を選ぶ」としましょう。すると、「①でAが『家事する』を選び、②でBが『家事する』を選ぶ」のようにゲームが進行し、利得はAが2点、Bが2点、となります（図7-4）。

二つのゲーム（図7-1と図7-2のゲーム）における戦略の違いは、プレーヤーBに現れます。図7-1のゲームでは、プレーヤーBはプレーヤーAの選ぶ行動を情報として使うことができるので、手番②と手番③とを識別でき、したがって、別々に行動を決めることができます。図7-2のゲームでは、プレーヤーBはプレーヤーAの選ぶ行動を情報として得られない（知り得ない）ので、手番②と手番③を識別することはできず、したがって、自分がどちらの分岐点にいるのかわからないため、両方の手番で同じ行動を選ばざるを得ない、ということになるわけです。

合理的なゲームの結末を均衡と呼ぶ

さて、準備が整ったので、「ゲームの解」を解説することにしましょう。ゲーム理論の目的はゲームの結末を突き止めることです。今見たように、全プレーヤーの「戦略」を与えれば、ゲームの進行とプレーヤーの利得は決定されます。ただし、戦略の組み合わせはたくさんあります。したがって、「どの戦略の組み合わせが最も実現しそうなのか」を解明したいのです。それが「ゲームの解」です。つまり、「ゲームの解」とは、最も実現しそうと思われる「戦略の組み合わせ」を決定することです。

もちろん、表層的には、プレーヤーたちがどんな戦略を選ぶこともあり得ます。そして、現実にゲームをプレイさせると、いろいろな戦略の組み合わせが観測されます。しかし、「なんでもアリ」では「理論」とは言えません。そこでゲーム理論では、「プレーヤー全員がかなりな程度に合理的である」という仮定を置きます。「かなりな程度に合理的である」を言い換えると、「知り得る情報をできる限り活用して、他のプレーヤーの出方についての論理的な推論を行い、自分の利得の最大化を目指す」ということです。

ここで勘違いしてはいけないのは、プレーヤーが「獲得可能な利得の中で最も大きな利得」を得られるというわけではない、ということです。プレーヤーの利得は、他のプレーヤーが選択した行動にも依存しますから、自分に最も都合のよいゲームの進行を選べるわけではありません。それは、将棋において対戦相手が自分に好都合な手ばかりを指してくれるわけでないことを想像すればわかるでしょう。したがって、プレーヤーの「合理的な戦略」を決める場合、他のプレーヤーの戦略も考慮する必要があります。つまり、あるプレーヤーの「合理的な戦略」というのは、他のプレーヤーの「合理的な戦略」とのかねあいの中で決められなければいけないわけです。

これは非常に難しい問題です。なぜなら、「合理的な戦略」というものが「相互依存的」になってしまうからです。

そこで、ゲーム理論では次のような工夫によって、合理的な戦略を決定します。すなわち、プレーヤーAの戦略S_AとプレーヤーBの戦略S_Bを与えたとき（Sはstrategy＝戦略のS）、

（条件1）プレーヤーBが戦略S_Bを選ぶと知ったなら、プレーヤーAはどの手番でも戦略S_Aを選ぶのが最適である（利得が最も大きくなる）。

（条件2）プレーヤーAが戦略S_Aを選ぶと知ったなら、プレーヤーBはどの手番でも戦略S_Bを選ぶのが最適である（利得が最も大きくなる）。

この二つの条件が揃う戦略の組S_AとS_Bを「ゲームの解」と決め、これが実現されることを「ゲームの均衡」と呼びます。「均衡」というのは、「つりあい」を意味する言葉ですから、「ゲームの解」あるいは「ゲームの均衡」とは、「つりあいがとれた戦略の組」ということになります。このとき、戦

略S_AをプレーヤーAの均衡戦略、戦略S_BをプレーヤーBの均衡戦略と呼びます。

ちなみに、条件1と条件2から定義される均衡のことは、発案者ジョン・ナッシュの名から「ナッシュ均衡」と呼ばれます。ここでは二者間の均衡ですが、一般の場合は「自分」と「自分以外の全員」という意味と取ってください。ゲーム理論の均衡はいろいろな定義が提唱されていますが、どれも、このナッシュ均衡に他の条件を付け加えたものです。

図7－1や図7－2のような手番のあるゲームでは、次のような条件を付加します。各手番から先のツリーを「部分ゲーム」と呼びます（ただし、図7－2の大きな丸の中の②から先も③から先も、部分ゲームではない）。そして、「すべての部分ゲームにおいて、ナッシュ均衡となっている」ような戦略の組を「部分ゲーム完全均衡」と呼びます。本章では、この部分ゲーム完全均衡を単に「均衡」と呼ぶことにします。

均衡を求めてみよう

均衡（部分ゲーム完全均衡）を理解するために、前の節で紹介した二つのゲームについて、均衡を求めてみましょう。

最初に図7－1のゲームツリーのゲームに対して求めます（図7－5）。

まず、手番②と手番③におけるプレーヤーBの均衡戦略を考えます。

手番②から先のツリーと手番③から先のツリーは、ともに部分ゲームです。

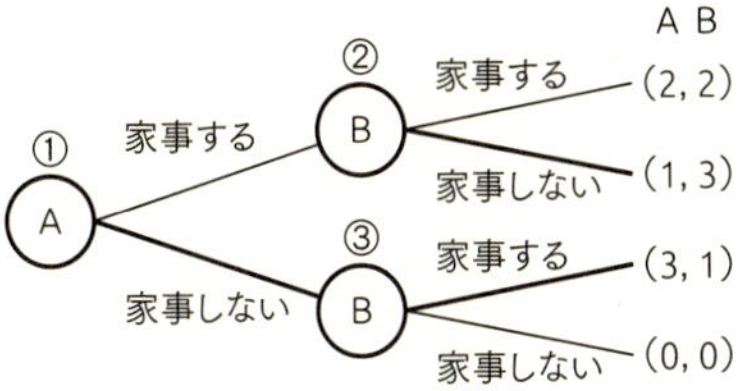

図7-5　（図7-1のゲームの均衡）

手番②から先の部分ゲームにおいては、プレーヤーAには手番はありません。プレーヤーBの選択だけで、Bの利得が決まります。「家事する」を選べば2点、「家事しない」を選べば3点となります。したがって、（条件2）から、プレーヤーBの均衡戦略S_Bにおいて、手番②での均衡戦略は「家事しない」になります。同様に手番③から先の部分ゲームを考えれば、均衡戦略S_Bにおいて、手番③での均衡戦略は「家事する」になります（太線）。

以上の考察で、プレーヤーBの均衡戦略S_Bが、「②－家事しない、③－家事する」と決まりました。

すると、プレーヤーBの均衡戦略S_Bが決まったので、（条件1）を適用することで、プレーヤーAの均衡戦略S_Aが決められます。プレーヤーAの均衡戦略は、プレーヤーBの均衡戦略S_Bが与えられたもとで最適な行動を選ばないとなりません。もしもプレーヤーAが、手番①で「家事する」を選ぶと、手番②でプレーヤーBが「家事しない」を選ぶので、Aの利得は1点になります。また、もしもプレーヤーAが、手番①で「家事しない」を選ぶと、手番③でプレーヤーBが「家事する」を選ぶので、Aの利得は3点になります。すると、プレーヤーBの均衡戦略S_Bが与えられたもとでは、プレーヤーAの最適な行動は「家事しない」となります。

つまり、プレーヤーAの均衡戦略S_Aは、［①－家事しない］と決まります。

最後にこのプレーヤーAの戦略S_Aに対して、プレーヤーBの戦略S_Bがゲームツリー全体という部分ゲームに対して（条件2）を満たすことを確かめます。

以上の議論をまとめると、

（図7－1のゲームの均衡）
妻Aの均衡戦略S_A：［①－家事しない］
夫Bの均衡戦略S_B：［②－家事しない、③－家事する］

ということになります。

不確実性のあるゲームの均衡

次に、もう一つのゲーム、図7－2のゲームの均衡を求めてみましょう。

このゲームと先ほどのゲームの違いは、このゲームでは、妻Aの行動選択が事前にはわからず、夫Bが手番②と手番③を識別できないところにあります。つまり、不確実性のあるゲームということになります。②と③を区別せずに、②＋③という重なった手番で行動を選ばなくてはなりません。この場合、部分ゲームは全体以外存在しません。手番②から先も、手番③から先も、部分ゲームではない

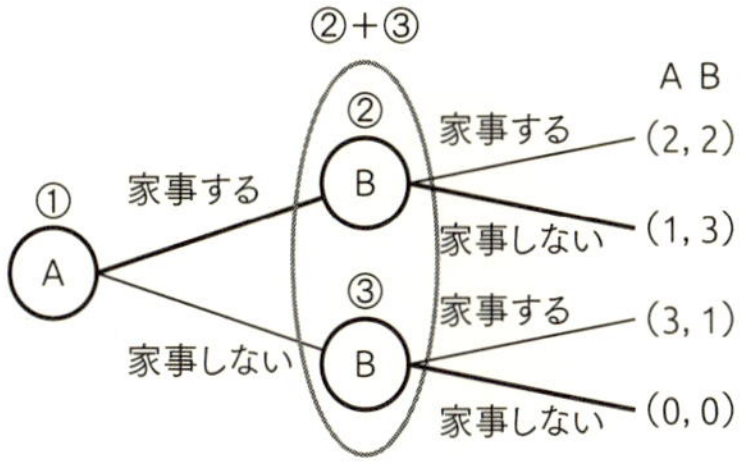

図7-6 （図7-2のゲームの均衡その２）

からです（ゲームとして閉じていない）。

このゲームの均衡は、先ほどとは異なり、二つあります。結論を先に言うと、

（図7－2のゲームの均衡その1）

妻Aの均衡戦略S_A：［①－家事しない］

夫Bの均衡戦略S_B：［②＋③－家事する］

（図7－2のゲームの均衡その2）

妻Aの均衡戦略S_A：［①－家事する］

夫Bの均衡戦略S_B：［②＋③－家事しない］

となります。以下、このことを確認しましょう。

どちらも考え方は同じなので、後者（図7－2のゲームの均衡その2）のみを確かめることにしましょう（図7－6）。

今、プレーヤーBの戦略S_Bが［②＋③－家事しない］であると与えられたとします。その下でプレーヤーAが行動「家事する」を選ぶとプレーヤーAの利得は1点となり、行動「家事しない」を選ぶと利得は0点になると推論できます。最適なのは「家事する」を選ぶことです。これで、戦略S_Bが［②＋③－家事しない］であると与えられた下では、均衡戦略S_A：［①－家事する］が最適な対応であることが確認されました。

次に、プレーヤーAの戦略S_Aが［①－家事する］だと与えられたとします。プレーヤーBが、②＋③で行動「家事しない」を選ぶと、プレーヤーBの利得は3点、行動「家事する」を選ぶと、プレーヤーBの利得は2点です。したがって、プレーヤーAの戦略S_Aが［①－家事する］だと与えられた下でのプレーヤーBの最適な選択は、均衡戦略S_B：［②＋③－家事しない］と確認できました。

以上によって、（条件1）と（条件2）が両方確かめられました。

図7－1のゲームと図7－2のゲームという、よく似た二つのゲームで、均衡が異なる（前者は一つのみで、後者には二つある）のは、二つのゲームで情報のあり方が違う（ゲームツリーが異なる）からです。前者では妻Aの選んだ行動を夫Bが情報として得られ、後者ではそうでないからなのです。

ナッシュ均衡は何を意味するか

以上でゲームの解の説明が済みました。説明が少し数学的だったので、ここでその意味を考えることにしましょう。

再確認すると、戦略S_Aと戦略S_Bの組み合わせが均衡であるとは、Aの戦略S_Aを与えたとき戦略S_BがBに最大の利得を与え、Bの戦略S_Bを与えたとき戦略S_AがAに最大の利得を与えることでした。つまり、戦略S_Aと戦略S_Bが持ちつ持たれつのなれ合い関係になっている、ということです。

実際、戦略S_Aと戦略S_Bの均衡が一度実現すると、そこから簡単には逸脱できないことが容易に推測できます。Aは、「Bがきっと戦略S_Bを採るだろうな」と想像するので、その場合に自分の利得を最大にする戦略S_Aを用いるでしょう。そして、Bも同じように、「Aがきっと戦略S_Aを採るだろうな」と想像して、戦略S_Bを用いるでしょう。

図7－1のゲームでは、妻Aが「家事をしない」理由は、夫Bがやってくれるからです。夫Bが「家事をする」理由は、妻がしないのでやむなくです。一度このような関係に陥ると、その関係が継続されるのが自然でしょう。夫婦の選択は、単に「自分にとってそれが最適」というのではなく、「相手の出方を前提とすると、自分にとってそれが最適」ということなのです。

図7－2のゲームでは、均衡は二つあり、一方は「妻が家事をし、夫がしない」均衡、他方は「夫が家事をし、妻がしない」均衡です。これらが均衡となるのは、先ほどと同じで、「相手がそういう戦略を選ぶなら、自分がそれを選ぶのが最適、と互いになっている」からです。そして、どちらの均衡が実現するかは、偶然に依拠するでしょう。例えば、何かの偶然で夫が家事をすることが続くと、その後は、「夫がやって、妻がやらない」状態が定着することになるのです。

このように見直すと、均衡概念（ナッシュ均衡）にはそれなりの妥当性があるものの、脆弱性も見出すことになります。それは、「相手がなぜその戦略を選ぶと推測するのか」という点に、なんの説明も根拠も与えられていない、という点です。

「妻が家事をしない」と推測している夫にとっては、「自分が家事を負担する」のが最善です。しかし、ここで夫がなぜ「妻が家事をしない」と推測しているかに、(少なくともゲームの構造の中には)いかなる説明も根拠もありません。「そうだとすれば」ということに過ぎません。これが、ゲーム理論の均衡概念が孕む脆弱性なのです。

この均衡概念の脆弱性は、このあと「お金はなぜお金たりうるのか」をゲーム理論で考察する際、ネックとなりますので、覚えておいてください。

それでは、このゲームの均衡を使って、次の二つの章で、暗号通貨とブロックチェーンを分析することにしましょう。

第8章　ブロックチェーンという均衡

ビットコインは記憶を培う

第1章で、ビットコインの重要な特徴がブロックチェーンであることを説明しました。ブロックチェーンとは、すべての取引をチェーン状に記録したものです。なぜ、ネット上でお金を成立させるためにチェーン状にする必要があるのでしょうか。

26ページで説明したように、ブロックをチェーン状につなげることが、不正取引を防ぐ二重の仕組みとなっています。第一は、引き続くブロックを公開鍵と電子署名で楔のように結び付けること、第二はＰｏＷ（演算量証明）によって、真の取引を認定するために、ブロックの長さを利用することでした。このことから、ビットコインは、自ずとブロックチェーンにならざるを得ないわけです。

結果的に、ブロックチェーンは「記憶」というものをデジタル的に培っていることがわかります。「台帳」と命名されていることでもそれは明らかです。どのブロックにも、そのブロック以前の取引の全記録がハッシュ値として書き込まれています。このことが、ブロックの改竄を困難にし、ビットコインの信用性を保証することになります（匿名通貨でも記録自体は正しいものです）。

この仕組みは、リアル・マネーと無関係な性質に見えますね。でも、本当に無関係なのでしょうか。実は、そうではなく、深い関係があるのです。

お金は記憶である

リアル・マネーでも、この「記憶」という性質が強く関与することが理論的に解明されました。それは、ナラヤナ・コチャラコタという経済学者が一九九八年に発表した論文「マネー・イズ・メモリー」（お金とは記憶である）です［文献18］。

論文「マネー・イズ・メモリー」の主張の本質は、「お金を差し出された人がそれを受け取るのは、そのお金がこれまでも受け取られてきたということを信じることができるから」という点にあります。

お金を受け取るときに最も重要になることは、その「紙切れ」が本当にお金として使えるのか、という点です。言い換えると「その人がその紙切れと引き替えにあなたが欲しいものを渡してくれるかどうか」、ということです。

例えば、あなたが自分で仕立てた洋服を売ってお金（紙切れ）を受け取ったとしましょう。あなたは、洋服職人なので洋服はたくさん所有しているから、洋服以外のものが欲しい。それで、お金と交換したいわけです。別にそれは「肖像画を描いた紙切れ」自体が欲しいわけではありません。その紙切れは、鑑賞に堪えうるものでも、食べられるものでも、燃やして暖を取れるものでもありません。そんな何の実益性もない紙切れをあなたが大事な洋服と引き替えに受け取ろうとするのは、自分が欲しいもの、例えばお酒や家具などと交換したいからに他なりません。そのために大事なのは、その紙切れが「お金として認知されている」こと、つまり、「流通している」ことなのです。

コチャラコタは、それを「記憶」という形で示しました。

「取引相手がお金を持っている」、ということは、取りも直さず、「その人がお金を受け取った証拠」なわけです。ここで、その取引相手があなたと同じ認識をする人だと仮定してみましょう。すると、その相手が紙切れを受け取った理由もあなたが受け取る理由と同じはずです。すなわち、その人が前所有者から紙切れを受け取ったのは、「前所有者が受け取ったから」が理由となるわけです。このように、「前所有者の信任」を楔として、取引がチェーン状につながり、最初の取引からの「記憶」が保証されることになるのです。

完全な記憶はお金の代わりになる

抽象的でわかりにくいかもしれませんから、もう少し具体的に説明しましょう。

今、仮に、1枚の紙切れが、Aさん↓Bさん↓Cさん↓Dさん、という順に渡っていったとしましょう。ここで、Dさんがこの紙切れを受け取れたのは、Cさんが紙切れを持っていたからです。そして、Cさんが紙切れを持っているのは、「Cさんが以前にBさんから紙切れを受け取った」という事実を示しています。それは、「Cさんは、紙切れを使えると信じていた」ということを裏付けます。Dさんは、Cさんが紙切れを所有していることから、「Cさんは、紙切れを使えると信じていた」ということを知ることができます。では、Cさんが「紙切れを使える」と信じたのはどうしてでしょうか。ここで、同じロジックの繰り返しが生じます。それは、「Bさんが紙切れを持っている」という事実からです。このことは、「Bさんが以前にAさんから紙切れを受け取った」という事実を示唆しており、それがCさんの信頼を呼び起こしているわけです。さらには、このことがDさん自身の信任をも誘導することになっているのです。

以上のように、紙切れが多くの人の手を経ていくとき、信頼の連鎖、認知の多層化が行われていきます。つまり、お金が流通していく、ということは、単に人から人へ無意味に紙切れが渡されるのではなく、信頼の連鎖や認知の多層化が背景にある。そういうことをコチャラコタは主張しているのです。

もし、今言ったようなことがお金の本質なのだとすれば、紙切れ自体がなくとも、連鎖の記憶というものを何らかの形で保証できれば、お金と同じ効果が生み出せるのではないか。それが論文「マネー・イズ・メモリー」の主張となります。この論文の本質は、「リアル・マネーは記憶を代替している。記憶が明確化できればお金はいらないはず」ということです。

コチャラコタは、取引の完全記録が可能であり、人々がそれを記憶として利用するなら、お金がな

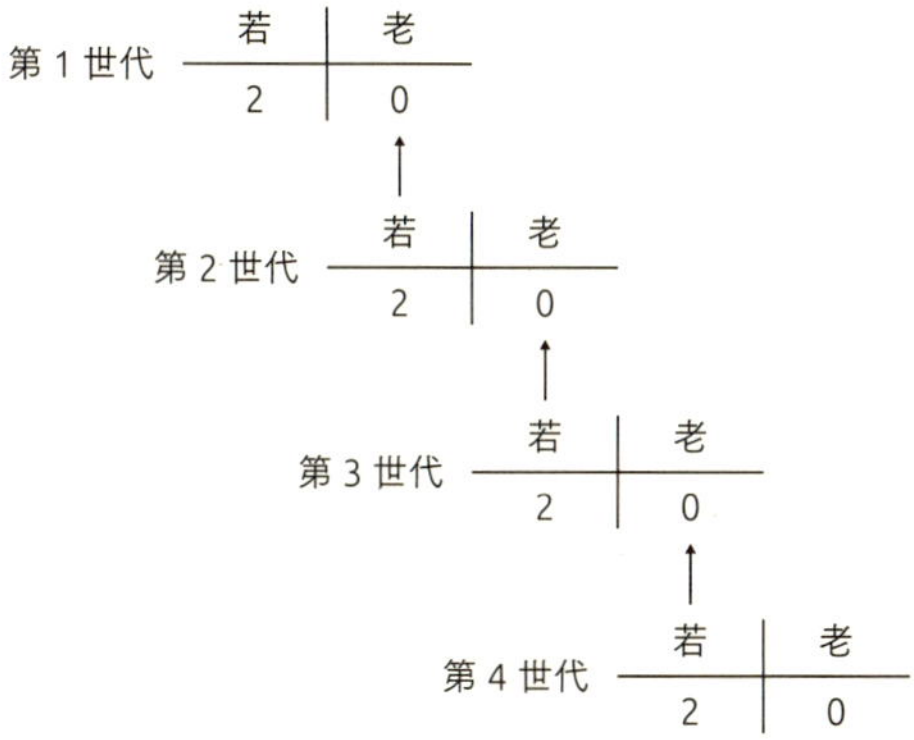

図8-1

くともそれと同じ働きが実現できる、ということを示しました。そのロジックには、ゲーム理論におけるナッシュ均衡（118ページ）が用いられます。手番のあるゲームでのナッシュ均衡にはいろいろなバージョンがありますが、その中の「完全公共均衡」（Perfect Public Equilibria；PPE）という概念が使われています。これは、「プレーヤー全員が知ることができる公共的情報だけを情報として利用して戦略を作る」という均衡です。つまり、「情報」を「公共的情報」に限定した上でのナッシュ均衡ということです。以下では、あまり厳密なゲーム理論的な議論をしないので、細かいことは気にせずに読み進んでください。

世代重複モデルをゲームツリー化すると

では、図8－1を見てください。これは、図6－3で与えた世代重複モデルを、ゲーム形式に直したものです（図6－3では渡した後の単位数になっています）。つまり、ここにお金は存在せず、各世代が一代前の世代に財を1単位与える、

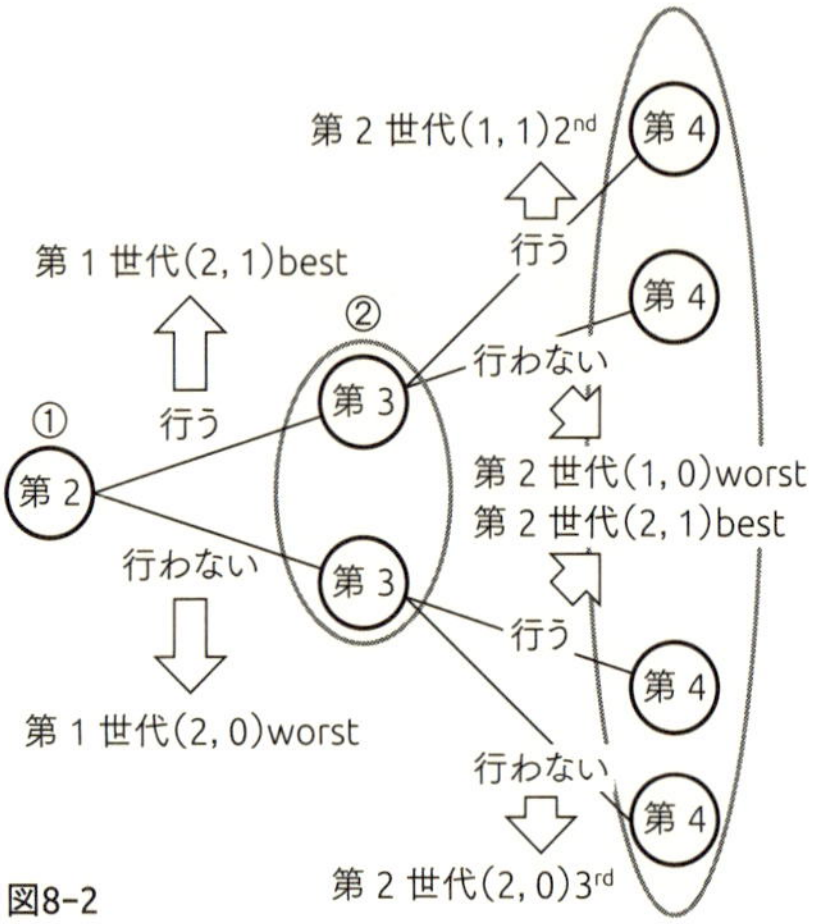

図8-2

という行動を図示しています。財の譲渡をゲームと見なしているわけです。各世代はプレーヤーと見なしますが、簡単化のため第6章での仮定から変更し、各世代は一人のみ存在するものとします。

この図をもとにしてゲームをきちんと述べます。プレーヤーは、第1世代、第2世代、第3世代、……とします（すなわち、無限の人数がいます）。各プレーヤーは、2単位の財を持っています。第2世代以降のプレーヤーの選べる行動は、図の矢印方向に1単位の財の譲渡を「行う」「行わない」の二つです。

このゲームのゲームツリーを与えましょう（図8－2）。

最初の手番は第2世代で、選べる行動は「（第1世代に譲渡を）行う」「（第1世代に譲渡を）行わない」の二つ。二番目の手番は第3世代で、選べる行動は「（第2世代に譲渡を）行う」「（第2世代に譲渡を）行わない」の二つ。……以下同様に続いていきます。

このゲームツリーでは、自分より前の手番でプレーヤーがどの行動を選んだのかはわからないことを前提として描いてあります。

図８－２でゲームツリーの説明をします。

最初の手番①は、第2世代が行動を選びます。行動は、「(第1世代に譲渡を) 行う」または「(第1世代に譲渡を) 行わない」です。前者を選ぶと、第1世代が若年期に2単位、老年期に1単位を消費できます (それを記号 (2, 1) と記しています)。後者を選ぶと、第1世代の消費は若年期に2単位、老年期に0単位になります (記号 (2, 0) と記しています)。第1世代にとって、前者がベスト、後者がワーストです。

次の手番②は、第3世代が行動を選びます。第3世代は第2世代の選んだ行動を知りませんので、大きな丸で囲まれています。第3世代の選んだ行動は、第2世代の消費パターンを決めます。まとめると、第2世代にとって都合のいい順に、次のようになります。

第2世代が「行わない」&第3世代が「行う」――→ (2, 1) best

第2世代が「行う」&第3世代が「行う」――――→ (1, 1) 2nd

第2世代が「行わない」&第3世代が「行わない」→ (2, 0) 3rd

第2世代が「行う」&第3世代が「行わない」――→ (1, 0) worst

さて、このゲームツリーでは、各世代が「ベスト」の利得を獲得する均衡は存在しません。例えば、第2世代の均衡戦略を考えてみましょう。

第2世代の利得に関わるのは、第1世代と第3世代です。第1世代に財を与えれば、自分の若年期での消費が減り、第3世代から財をもらえば、自分の老年期での消費が増えます。したがって、最も利得が大きい（best）のは、「第1世代に財の譲渡を行わず、第3世代から財の譲渡を受ける」ことです。次に利得が大きい（2nd）のは、「第1世代に財の譲渡を行い、第3世代から財の譲渡を受ける」です。三番目に利得が大きい（3rd）のは、「第1世代に財の譲渡を行わず、第3世代から財の譲渡を受けない」こと。そして、最も利得が小さい（worst）のは、「第1世代に財の譲渡を行い、第3世代から財の譲渡を受けない」ことです。ここで、第2世代は、第1世代から影響されず、自分の選択は第3世代の行動選択に影響を与えません。したがって、第1世代、第3世代がどんな戦略を選んだとしても、第2世代は「行わない」が最適になります。このように、相手の戦略にかかわらず自分は一定の戦略を選べばいいとき、それを「支配戦略」と呼びます。

「行わない」が支配戦略となることは全世代で同じなので、結局、すべての世代で均衡戦略は「行わない」となります。したがって、各世代の利得は、最悪となってしまうのです。

公共情報を使える場合

さてここで、ゲームの仕組みを変更しましょう。今、プレーヤーたちの目の前に電光掲示板がある

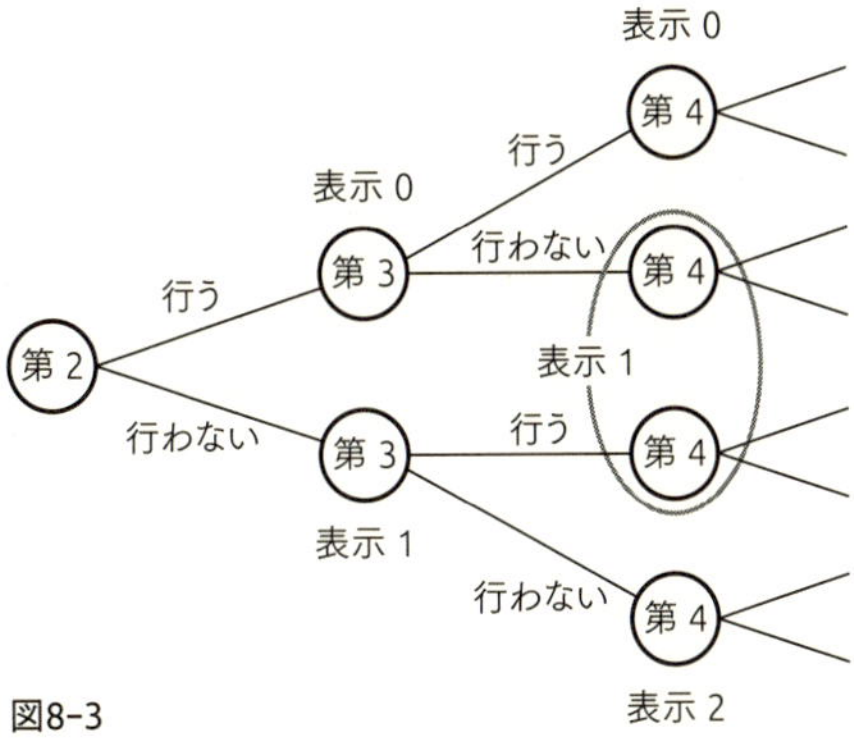

図8-3

とします。掲示板には、自分の世代より前の世代のプレーヤーで「行わない」を採った人数が表示されています。プレーヤーは表示された数字を参考にして戦略を選ぶと設定します。すると、第3世代以降のプレーヤーの戦略は、単なる「行う」「行わない」ではなくなります。例えば、第3世代のプレーヤーの戦略は、次の4つになります。

「表示が0で、行う」
「表示が0で、行わない」
「表示が1で、行う」
「表示が1で、行わない」

第4世代のプレーヤーの戦略は、表示が0、1、2（3通り）に自分の行動（2通り）を加えたものとなるので、全部で6通りになります（図8-3）。

このように、戦略が複雑化するため、均衡も前節で見たものとは異なってくるのです。

ここでは、全プレーヤーが譲渡を行う、という均衡が存在し得ることを説明しましょう。その均衡における均衡戦略とは、どのプレーヤーについても、

［戦略＊］表示が0のときは行う。それ以外の表示のときは、行わない。

というものです。全プレーヤーがこの［戦略＊］を使うことが均衡になることを確認しましょう。そのためには、他のプレーヤーがこの［戦略＊］を採用するとき、自分もこの［戦略＊］を使うのがベストになることを、各プレーヤーについて確認すればいいです（117ページの〈条件1〉と〈条件2〉にあたる）。

例えば、第3世代のプレーヤーを見てみます。

今、自分（第3世代）以外が全員［戦略＊］を採っていると仮定します。ここで自分も［戦略＊］を採ってみます。

最初のプレーヤである第2世代は（自動的に）表示0を見ます。第2世代は最初の手番で、それ以前の手番が存在しないので、「行わない」は0人だからです。したがって、「行う」を選びます。すると、第3世代が見る掲示板の表示も0です。したがって、第3世代も［戦略＊］から「行う」を選びます。これによって、第4世代が目撃する掲示板の表示は0になります。［戦略＊］を採っている第4世代も「行う」を選びます。このことから、第3世代は第4世代から譲渡を受ける結果になりま

す。消費は（1, 1）です（利得は2ndになる）。

他方、第3世代が、［戦略＊］を採らず、表示0を見ていても「行わない」を選ぶとした場合を考えましょう（他にも［戦略＊］とは異なる戦略はありますが、本質的なのはこれのみです）。この場合、第4世代の見る表示は1になります。すると、このプレーヤーは［戦略＊］から「行わない」を選びます。こうなると第3世代は、譲渡を行わず、譲渡を受けない結果に終わります。消費は（2, 0）となります。利得は2ndより悪い3rdになってしまいます。

まとめると、第3世代のプレーヤーは他のプレーヤーが［戦略＊］を採っている下では、［戦略＊］を採るほうが利得が高いことが示されました。これは他のプレーヤーについても同じですから、全員が［戦略＊］を採り、全員が譲渡を行うのが均衡だということがわかりました。

時間を遡るシグナル

注目したいのは、「全員が譲渡を行う」という均衡がなぜ可能となるのか、という点です。

公的情報を使わない図8－2のゲームのときは、こういう均衡が存在しませんでした。それは、「自分を利する行動は後の世代にだけ可能で、自分は後の世代に働きかけることができない」ということに起因しました。つまり、時間順序のあり方が本質的にかかわっているわけです。

ところが不思議なことに、公的情報を導入した完全公共均衡では、後の世代から意図的に利益を得ることが原理的に可能となります。まるで、タイムマシンでシグナルを未来に送って、未来の世代の行動を現在のうちに変化させることが可能になったかのように見えます。後の世代に対して、自分の世代を利するような行動に誘導するために、自分が前の世代を利している、という奇妙な構造になっているわけなのです。

ここには二つの解釈がありうるでしょう。第一は、この「時間を遡るシグナル」という奇妙なものが「公共性」という性質だ、という解釈です。人々の利他的行動の背後には、「時間を逆流するような」ナッシュ均衡が関わっていると考えることができます。

第二は、このような「時間を遡るシグナル」は、ナッシュ均衡の脆弱性から来ていて、眉唾だという解釈です。それは、他の全プレーヤーが［戦略＊］を採る下で自分も［戦略＊］を採るのが最善なのはわかるが、ではなぜ、他の全プレーヤーが実際に［戦略＊］を採るのか、という問題です。

記憶はお金の代わりになる

このコチャラコタのゲーム理論的分析は、世代重複モデル上のリアル・マネーに関して新しい視点を提示することとなりました。それは、「記憶がお金の代役を果たしうる」ということです（モデルにおいては、「数字の表示」が記憶に対応しています）。これを逆にとれば、「お金は記憶の代役を果たしている」というふうにも言えます。リアル・マネーとは、単に「前の世代から後の世代に紙切れが流れていく」流動物にすぎないものではなく、その流れそのものが「記録の役割を果たしている」ということです。言い換えると、「第 n 世代が紙切れを手にした」ということが、「これまでの世代すべてで取引が成立した証拠である」ことを意味しているのです。これは、プレーヤー全員が共有しうる情報を「情報」として利用した完全公共均衡を用いなければ発見されなかった法則でしょう。

このことは、ビットコインにひとつの理論的根拠を与えます。ウェブ上で何かがお金となる条件は、「取引の記憶」が何らかの形で担保されることである、ということです。したがって、ビットコインが、全取引の記録を台帳化したブロックチェーンであるのは、この意味で必然的だといえるのです。

以上の分析から、サトシ・ナカモトがビットコインをブロックチェーン上に作り出した、というのは、経済学的に見れば、セキュリティを超えた意義を見いだすことができます。

しかし、もちろん、「記憶の代役をする」というのは、「人々がそれをお金として信頼する」ための必要条件でしかありません。これについて、次章で見ていきましょう。

第9章　お金はどうして交換手段になるのか

お金の交換手段に対する経済理論

第6章で、お金の果たす三つの機能について解説しました。価値の保蔵、計算単位、交換手段の三つです。このうち、最初の二つの機能については、経済理論による裏付けを紹介しました。ここで、残っている交換手段に対する裏付けを紹介しましょう。

交換手段に対する裏付けに初めて数理的な手法を開発したのは、清滝信宏とランダル・ライトの一九八九年の論文（On Money as a Medium of Exchange）です［文献19］。この論文では、物々交換の経済を考え、その中でどんなモノが交換手段としてのお金に仕立てられるか、を分析しています。

商品貨幣とは何か

モノをお金として利用する場合、そのようなお金は「商品貨幣」と呼ばれます。

ゴールドは典型的な商品貨幣です。第5章で紹介したように、江戸時代もゴールドの含有によって小判というお金を成立させていました。諸外国でも長い間、ゴールドはお金として利用されていました。とくに、一九四五年以降のブレトン・ウッズ体制では、ゴールドと米ドルの交換比率が厳密に固定されたことで、米ドルが基軸通貨の役割を果たすようになりました。この制度は固定相場制と呼ばれます。固定相場制は、一九七一年のニクソン・ショックによって終わりを告げました。そのあとは、各国の通貨が為替市場で自由に売買される変動相場制に変わり、ゴールドはもはや通貨ではなくなりました。

第6章で紹介した捕虜収容所のタバコも商品貨幣の一種です。また、旧ソ連のような社会主義圏では、旅行者からはその国のお金よりむしろ、マールボロのような外国のタバコを喜んで受け取る慣習ができ、実際にタバコが商品貨幣となっていました。

商品貨幣をシミュレートする

このような商品貨幣について、どんなものがそうなり得るかを、清滝とライトは分析したのです。

商品貨幣というのはモノですから、商品貨幣が使われることは、物々交換が行われていることと同じです。たくさんのモノがある中で、特定のモノが交換の仲介をするようになります。つまり、特定のモノにだけ流動性が憑依するわけです。この際、どのようなモノに交換の仲介機能が宿るのか、彼らはそれをモデル化によって分析しました。

次のように物々交換をモデル化します。

市場には、3種類のモノがあります。番号で1番、2番、3番とそれぞれを呼ぶことにします。また、市場には、3タイプの人がいます。1番だけを消費する人（人1と名付けます）、2番だけを消費する人（人2と名付けます）、3番だけを消費する人（人3と名付けます）です。それぞれのタイプはすべて非常にたくさん存在するとします。さらには、人1は2番を生産し、人2は3番を生産し、人3は1番を生産します。つまり、各人は、自分の消費しないものを生産する、と仮定します。それゆえ、人々は物々交換によって、自分が消費したいモノを手に入れなければなりません。

人々は、完全にランダムに出会い、出会った人とそれぞれの生産物を交換するかしないか決定します。交換によって、自分が消費するモノを手に入れた人はすぐに消費し、瞬間的に新しいモノを生産します。自分が消費しないモノを手に入れた人は、それを貯蔵しておいて次の出会いに備えます。貯蔵にはコストがかかり、3番、2番、1番の順にコストが大きいと仮定します。

ナッシュ均衡を求める

このとき、物々交換の戦略として、少なくとも二つのナッシュ均衡が存在することを、彼らは突き止めました。順に紹介しましょう。

第一の均衡は非常に自然な均衡です。これは3番の貯蔵コストが2番の貯蔵コストよりかなり大きい場合に生じます。この場合、人1が貯蔵にコストのかかる3番を受け取りたがらないので、3番を持つ人2との交換に応じません。つまり、3番は交換手段になり得ません。このことから2番も交換手段にはなり得ないことになります。以上から、最も貯蔵コストの低い1番を交換手段として用いるような物々交換が生じることになります。

最初、人1は2番を貯蔵し、人2は3番を貯蔵し、人3は1番を貯蔵しています。人1と人2が出会った場合、人2は2番を欲しいけれど、自分が貯蔵している3番は交換手段ではないので、交換は成立しません。人2と人3が出会った場合、人3は人2の貯蔵する3番が欲しいので、交換を申し出ると、人3の貯蔵する1番は交換手段なので、人2は交換に応じます。人1と人3が出会った場合、人1の貯蔵する2番は交換手段ではないので、人3は交換に応じません。

一方、人3との交換に応じて1番を貯蔵することになった人2ならば、今度は人1に出会ったときは交換に応じることができます。互いに、自分の消費したいモノを相手が所有しているからです。

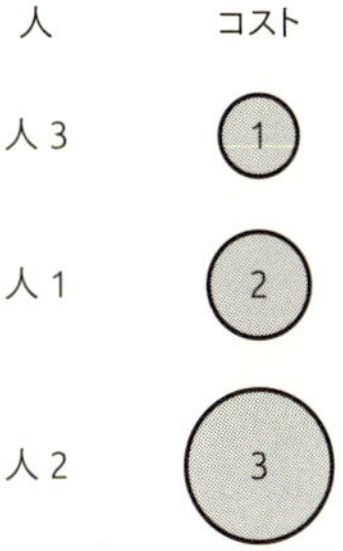

この均衡では、結局、消費しないモノを受け取るのは人2だけです。3番を手放して1番を受け取ることで貯蔵コストを小さくできるからです。他の交換は、貯蔵コストが大きくなってしまうので生じ得ないわけです。単にコストが最小のモノであるという理由で、1番がお金の役割（交換手段）を担っています。これは貯蔵コストが小さい貴金属やタバコなどがお金になる理由をうまく説明できています。

貯蔵コストが高くてもお金になりうる

面白いのはもうひとつの均衡です。

第二の均衡は、3番の貯蔵コストが2番の貯蔵コストに対してそんなに大きくない場合に生じます。この場合、人1は3番も受け取る戦略を採ります。これは自分が消費しないばかりでなく、当初貯蔵している2番よりも貯蔵コストが高くなるにもかかわらず交換に応じるわけです。この場合は、貯蔵コストとは無関係の交換理由が生じているのです。それはどういう理由でしょうか。

理由はこうです。みんなが3番を交換手段とする戦略を採ることで、みんなが自分の消費したいモノを手に入れやすくする（人3と出会ったときに交換を成立させる）、ということです。

彼らはこれを「投機的均衡」と呼んでいます。コスト的な合理性からではなく、「受け取ってもらえるだろう」という推測から消費しないモノを受け取るからです。このケースでは、コストが最小の1番だけではなく、コストの高い3番も交換手段に用いられます。

以上のシミュレーションで、商品貨幣は単にコストの問題だけで決まるわけではない、ということがわかりました。第7章で説明したように、ナッシュ均衡とは、「みんながその戦略を採るなら、自分もそうしたほうがいい」という「しがらみ状態」でした。したがって、「みんながそれを交換手段にするなら、自分もそうしたほうがいい」という理由によってもお金の資格が生じる、ということです。こういう理由で、保存しにくいものでも、海底に沈んだ石でも、みんながそれをお金だと認知すればお金になりうるわけです。

不換紙幣はなぜ交換手段になるのか

前の節では、モノが交換手段としてのお金になりうること、すなわち、商品貨幣について説明しました。清滝とライトは、その後、一九九三年に新たな研究を発表しました。それは、不換紙幣に関するものです［文献20］。

不換紙幣というのは、政府が発行するお札のことです。「不換」という言葉は、ゴールドやシルバーなどの貴金属との交換が保証されていない、ということを意味しています。最初の方の節で説明したように、長い間、国家紙幣はゴールドとの交換が保証されていました。しかし、一九七一年からゴールドとの交換が保証されなくなり、これ以降、国家紙幣は不換紙幣となったわけです。

彼らは、この新しい論文で、まさに「一枚の単なる紙切れが、なぜお金になりうるのか」を説明しました。

設定は、前節までと同じく、人1、人2、人3の3タイプの人がいる環境を考えます。ただし、ここでは、1枚のお札（単なる肖像画の描かれた紙切れ）だけを持っている人（財は何も持っていない）が全体のmの割合だけいて、残りの（$1-m$）の割合の人は、1番か2番か3番のいずれかを生産し貯蔵しているとします。

各自は、道をうろうろ歩いていると、他の誰かとばったりと出会います。誰と出会うかは、確率的であり、それはタイプの存在数の比に比例しています。つまり、お金を持っている人と出会う確率はmであり、モノを持っている人と出会う確率は（$1-m$）です。また、モノを持っている人と出会った場合、その人が1番を持っているか、2番を持っているか、3番を持っているかは、それぞれ3分の1ずつとなっています（各確率は$(1-m)/3$）。

前と異なり、モノを貯蔵するコストはゼロです。ただし、モノとモノ、モノとお金の交換にはどれも同一の小さいコストがかかります。この下で、モノに関して対称的になるナッシュ均衡を考えると、以下が導かれます。

（相手の持っているモノ）　（自分の戦略）
自分の消費したいモノ　→　必ず交換に応じる
自分の消費しないモノ　→　絶対に交換に応じない
お金　→　？

この「?」の部分を解明するのが、ポイントです。

均衡は三つある

ここで、「交換するかしないか」という方針（戦略）は「確率」で表現します。つまり、相手がお札を持っていて自分が相手の欲しいモノを持っているときに、「交換に応じる確率p」をあらかじめ決めておく、ということです。pを決めることが戦略ということになります。

例えば、戦略を「$p=1$」と決めた場合は、自分の持っているモノを相手が欲していて、その相手がお金を持っていたら、相手からは必ず交換を申し出られるが、そのとき自分も必ず交換に応じる（つまり、確率1で応じる）、ということを意味します。逆に、戦略を「$p=0$」と決めた場合は、絶対に交換に応じない。また、戦略を「$p=0.5$」と決めた場合は、心の中でコインを投げ、表が出たら応じ、裏が出たら応じない、ということを意味します。

まとめると、

（相手の持っているモノ）　（自分の戦略）
自分の消費したいモノ　→　必ず交換に応じる
自分の消費しないモノ　→　絶対に交換に応じない
お金　→　確率pで交換

人々が、戦略としての確率pを決めたら、それに応じて、その人がこの物々交換ゲームで得られる得点が決まります。

均衡の導出はそんなに難しくありませんが、ここでは結論のみ与えましょう（導出は、拙著『ゼロからわかる経済学の思考法』［文献10］を参照せよ）。

これには、三つの均衡があります。

第一は「全員が必ずお金を受け取る（$p=1$）」均衡。第二は「誰もお金を絶対に受け取らない（$p=0$）」均衡。第三は、「全員が、お金を、3分の1の確率で受け取る（$p=1/3$）」均衡です。

第一の均衡にある社会が、「貨幣経済」と呼ばれる社会であり、私たちの暮らす社会です。第二の均衡が、「物々交換経済」（実物経済）と呼ばれる社会です。第三の均衡は、その中間の状態で、お金の信頼が中途半端になっており、物々交換と貨幣経済が混在している、戦後直後の混乱期の日本や、社会主義の末期に観測された特異な状態です。

第一の均衡が持っている意味は重要です。消費のできない単なる紙切れを人が受け取る理由は、「他の人が紙切れを受け取る戦略を採っている」ということにあります。それがナッシュ均衡の意味です。つまり、この説明においては、ナッシュ均衡という「みんながそうしているから、自分もそうする」という状態にみんながはまりこんでいる、という構造になっているのです。これを逆から見れば、第二の均衡「誰もお金を絶対に受け取らない」に転移しない理由はどこにもありません。ある割合の人が「受け取らない」戦略に切り替えたとたん、なしくずし的にみんなが戦略を切り替えていき、あっという間に第二の均衡が出現するわけです。ここから、「お金がお金たりうるのは、非常にきわどいバランスの上のこと」というメッセージを読みとることもできます。

暗号通貨はどんなお金か

ビットコインなどの暗号通貨は、商品貨幣でしょうか、不換紙幣でしょうか。まず、政府が発行しているわけではなく、紙でもないので、不換紙幣ではありません。それでは商品貨幣でしょうか。これも微妙です。暗号通貨は、消費することができないので、商品と呼ぶのは妥当ではないでしょう。

むしろ、暗号通貨はより洗練された形で「不換紙幣的」だということができます。一万円札は、単なる一枚の紙が、ナッシュ均衡の働きによって一万円という価値を備えます。それによって、一枚の紙切れを高級ワインと交換することができるのです。一方、暗号通貨は、単なるデジタル情報です。紙という実体さえ持っていません。そういう意味では、不換紙幣よりも不換紙幣的な性質を備えている、ということができます。なぜなら、「みんながお金として使える」という幻想を持っているために、お金になり得ているからです。

ビットコインが生まれたとき、「こんな、何にも使えず、政府の保証もない単なるデジタル情報が、お金になれるわけない」と考えた人がたくさんいました。しかし、そういう人たちは「お金がなぜ、お金たり得ているのか」ということについて考えが足りないのです。

「みんながそう信じるから、自分も信じるのが妥当」というナッシュ均衡が、お金を成立させます。暗号通貨も、現在、そういうナッシュ均衡を確立しつつあると言えます。清滝とライトの結果で言えば、「全員が、お金を、3分の1の確率で受け取る（$p=1/3$）」という第三の均衡にあるのかもしれませんが、いずれ、全員が受け取る第一の均衡に遷移する可能性も大きいでしょう。

第10章　ブロックチェーンが実現するゲーム理論的世界

ブロックチェーンとゲーム理論

第1部で説明したように、ブロックチェーンは、分散性、正真性、時間順序保存性を備えた画期的なツールです。したがって、さまざまなビジネスや社会制度に活かすことができます。

しかし、ブロックチェーンの仕組みにもうちょっと深入りすると、別の様相が見えてきます。それは、ゲーム理論が作り出す世界を絵空事でなく実現する可能性です。

この章では、あくまで試論としてですが、このことを紹介しましょう。

ゲーム理論は現実を説明しない

ゲーム理論は、第7章で解説したように、ゲームにおける合理的な戦略を解明する理論です。「戦略の組Sがナッシュ均衡にある」とは、プレーヤー全員が「他の全員がSにおける各自の戦略を採るときは、自分もSにおける自分の戦略を採るのがベスト」という関係にある場合を言います（117ページ）。

二〇世紀後半から二一世紀にかけて、ゲーム理論による均衡を実験によって検証する研究が盛んに行われました。その結果、ゲーム理論が想定する均衡戦略が実験ではその通りに観測されない、ということが明らかになったのです。このことは、人間がゲーム理論において解とされる数学的に合理的な行動を採らない、ということを意味します。

最後通牒ゲームの人間的均衡

例えば、「最後通牒ゲーム」という有名なゲームがあります。これは主催者から提供されるお金（仮に4万円としましょう）をプレーヤーAとBで分け合うゲームです。最初、AがBに「x円あげましょう」と提案します（xは整数で1以上とします）。次にBが、「承諾します」または「拒否します」を選択します。Bが「承諾します」を選択した場合は、Bの利得は提案されたx円、Aの利得は残りの（$40000-x$）円になります。Bが「拒否します」を選択した場合、主催者は4万円を拠出せず、両者の利得は0円となります。このゲームのゲームツリーを描いたものが、図10－1となります。ただし、図示の都合から、xとして、1万円（提案1）、2万円（提案2）、3万円（提案3）の枝だけを描いてあります。

このゲームの均衡（部分ゲーム完全均衡）は、Aの均衡戦略「1円を提案する」、Bの均衡戦略「ど

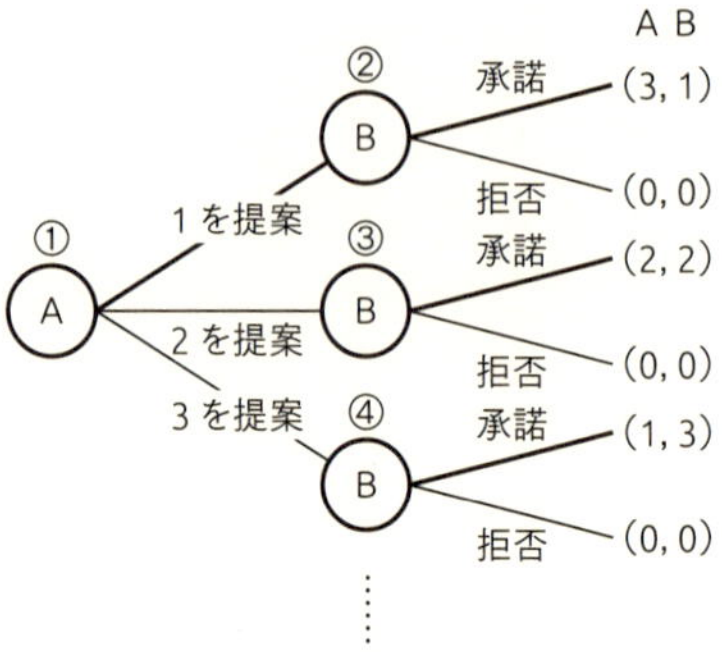

Aの均衡戦略は、①－「1を提案」
Bの均衡戦略は、②－承諾、③－承諾、④－承諾、……

図10-1　最後通牒ゲームのゲームツリー

の金額でも承諾する」となります。なぜなら、Bはどんな金額であれ、拒絶すれば利得は0円になってしまうので、どんな金額を提案されても承諾するのが最善だからです。Aはそれを知っているので、自分の利得が最も大きくなる「1円を提案する」が最善となるわけです。

したがって、均衡経路（ゲームの進行）は、「Aが1円を提案し、Bがそれを承諾する」となります。

ところが、この最後通牒ゲームを、実際に実験室で検証すると、モニターになったプレーヤーたちの多くに、全く異なるゲームの進行が見られます。それは、「Aが2万円近い金額を提案し、Bがそれを承諾する」というものです。なぜ、このような結果になるのか。

経済学者リチャード・セイラーの見解は次です［文献11］。2万円というのは、4万円の半分ですから、「公平な分配」ということです。AがBに拒絶されるかどうかわからない段階で「公平な分配」を提案するのは、「その人自身が高い公平意識を持っている」、あるいは、「公平な提案をしないと拒

表10-2　囚人のジレンマ

A＼B	C	D
C	3，3	0，4
D	4，0	1，1

絶されるかもしれないと考えている」、あるいはその両方だろう、ということです。

これは、ゲーム理論が想定する解とは全く相容れません。ゲーム理論の解では、1円というぎりぎりの金額を提示し、それが受け入れられる、というものでした。これが意味するのは、人間はときに「公平」といった人間臭い概念にこだわり、数学的な合理性や損得勘定に関する単純な論理では行動しない、ということになりましょう。

囚人のジレンマ・繰り返しゲーム

ゲーム理論における、均衡と実験結果との食い違いで、もっと注目すべきものがあります。それは「囚人のジレンマ・繰り返しゲーム」と呼ばれるものです。まず、このゲームの一例を紹介しましょう。「囚人のジレンマ」は、表10－2の利得行列で代表されるものです。

プレーヤーはAとB、各自の選べる行動はC（cooperation；協力）またはD（defection；裏切り）です。両プレーヤーが同時に行動Cまたは行動Dの一方を選びます。何を選んだかによって、利得が次のように決まります。


Aが行動Cを選び、Bが行動Cを選ぶ　→　Aの利得は3、Bの利得は3

Aが行動Dを選び、Bが行動Dを選ぶ→Aの利得は1、Bの利得は1
Aが行動Cを選び、Bが行動Dを選ぶ→Aの利得は0、Bの利得は4
Aが行動Dを選び、Bが行動Cを選ぶ→Aの利得は4、Bの利得は0

このゲームが囚人のジレンマと呼ばれるゆえんは以下のような理由からです。

Aの立場で考えると、Bがどちらの行動を選ぶにしてもAは行動Dを選ぶのが最善です。なぜなら、Bが仮に行動Cを選ぶと予想する場合、Aが行動Cを選ぶと利得は3で、行動Dを選ぶと利得は4。したがって、行動Dを選ぶのが最善。他方、Bが仮に行動Dを選ぶと予想する場合、Aが行動Cを選ぶと利得は0で、行動Dを選ぶと利得は1。この場合も行動Dを選ぶのが最善。いずれの場合でも、行動Cより行動Dを選ぶのが最善となります（このような性質のDを「支配戦略」と呼びます）。ゲームは、プレーヤーに対して対称ですから、このことはBについても同じです。すると、両プレーヤーともに、最善の選択は行動Dということになります。これは、ナッシュ均衡にもなっています。

この両者がDを選ぶ均衡では、両者の利得はともに1となります。しかし、これは「個人として最善」であっても、「集団として最善」ではありません。なぜなら、両プレーヤーが揃って行動Cを選べば、各自の利得は3となり、両者とも利得が大きくなるからです。

このように、「個人としては最善でも集団としてはそうではない」という不思議な帰結から、「ジレンマ」と呼ばれるわけです。ゲーム理論では、このような「個人の行動規範」と「集団の行動規範」が異なる例を提示することによって、世の中の「悪しきしがらみ」、例えば戦争などを合理的に説明し、世界をあっと言わせたのです。

繰り返しゲーム

ゲーム理論では、このような「悪しきしがらみ」から脱出できる可能性を発見しました。それが繰り返しゲームと呼ばれるものです。つまり、この囚人のジレンマゲームを繰り返しプレイするゲームです。

繰り返しゲームでは、戦略をどう定義するかがポイントとなります。繰り返しゲームにおける戦略とは、「1回前までのプレイの歴史に対応させて、プレーヤーが次に何を選択するかを決める」というものになります。言い換えると、各プレーヤーはそれまでに何が起きたかという「情報」を取り入れて、それ以降の行動を選択する、ということです。

例えば、先ほどの表10－2のゲームを2回プレイする繰り返しゲームを考えてみましょう。この場合、各プレーヤーの戦略は、

「1回目で＊＊を選ぶ」の＊＊を決めた上で、
「1回目でAが行動Cを選び、Bが行動Cを選んだ場合、2回目で＊＊を選ぶ」

「1回目でAが行動Dを選び、Bが行動Dを選んだ場合、2回目で＊＊を選ぶ」
「1回目でAが行動Cを選び、Bが行動Dを選んだ場合、2回目で＊＊を選ぶ」
「1回目でAが行動Dを選び、Bが行動Cを選んだ場合、2回目で＊＊を選ぶ」

の各＊＊のところに行動を入れたものとなります。
例えば、「しっぺ返し戦略」と呼ばれる有名な戦略があります。これは、「1回目は行動Cを選ぶ、2回目には1回目に相手が選んだ行動と同じ行動を選ぶ」戦略です。このゲームでは、Aのしっぺ返し戦略は、

「1回目で行動Cを選ぶ」
「1回目でAが行動Cを選び、Bが行動Cを選んだ場合、2回目で行動Cを選ぶ」
「1回目でAが行動Dを選び、Bが行動Dを選んだ場合、2回目で行動Dを選ぶ」
「1回目でAが行動Cを選び、Bが行動Dを選んだ場合、2回目で行動Dを選ぶ」
「1回目でAが行動Dを選び、Bが行動Cを選んだ場合、2回目で行動Cを選ぶ」

となります（3番目と5番目は無意味ですが、形式的に入れてある）。Bのしっぺ返し戦略は、

「1回目で行動Cを選ぶ」
「1回目でAが行動Cを選び、Bが行動Cを選んだ場合、2回目で行動Cを選ぶ」
「1回目でAが行動Dを選び、Bが行動Dを選んだ場合、2回目で行動Dを選ぶ」
「1回目でAが行動Cを選び、Bが行動Dを選んだ場合、2回目で行動Cを選ぶ」
「1回目でAが行動Dを選び、Bが行動Cを選んだ場合、2回目で行動Dを選ぶ」

このことから、互いにしっぺ返し戦略を採る場合は、ゲームの進行は、

1回目に、Aが行動C、Bが行動Cを選ぶ、2回目に、Aが行動C、Bが行動Cを選ぶ

というふうになり、利得（2回の利得の合計）は、両者ともに、3＋3＝6点となります。

しっぺ返し戦略は、実際のモニター実験でもよく観察されます。相手が1回前に「協力」したら、次に自分も「協力」を返す。相手が1回前に「裏切り」をしたら、次に自分も「裏切り」を返す、ということなので、実に人間臭い対応と言えます。

無限回繰り返すと協力が達成できる

囚人のジレンマゲームでは、両方が行動D（裏切り）を選ぶことが均衡でした。しかし、無限回繰

り返すなら両方が行動C（協力）を採る均衡がありうることが発見されました。それが俗に「フォーク定理」と呼ばれるものです。

無限回ゲームを繰り返す場合、利得について技術的な変更が必要になります。利得が無限個の数値の和となるので、通常は無限大になってしまうからです。普通は、「割引現在価値」という会計学的な方法を使うのですが、ここではわかりやすさを優先して、「単純平均」を使うことにしましょう。すなわち、n回目までの利得の和をS_nとするとき、「平均値S_n／n」を計算し、nを無限大にもっていった極限」をして、「無限回の利得」と定義するのです。

さて、表10－2の囚人のジレンマゲームを無限回繰り返すゲームをG_∞と記すことにします。このゲームG_∞において、AとB双方がともに、以下の「トリガー戦略」を採る場合、それが均衡となり、かつ均衡経路では両方が行動Cを選び続けることになります。

（トリガー戦略）　1回前までずっと双方とも行動Cを選んできた場合は、今回も行動Cを選ぶ。1回前までに相手か自分が行動Dを一度でも選んだ場合は、今回は行動Dを選ぶ。

ここで「トリガー」とは「引き金」の意味です。一度裏切りが起きる（行動Dが選ばれる）と、それが引き金になって、ずっと裏切り続ける戦略だからです。

これが均衡（部分ゲーム完全均衡）になることを説明してみましょう。ただし、読者の関心の中心がゲーム理論でないことを踏まえ、すこしおおざっぱな説明で済ませます。

今、プレーヤーAが上記のトリガー戦略を採っているとします。それを前提として、プレーヤーBの採るべき最善の戦略を考えます。

まず、プレーヤーBもトリガー戦略を採った場合を見てみましょう。ゲームの進行は次のようになります。1回目はトリガー戦略にしたがって、互いに行動Cを選びます。このこと（前の回に互いが行動Cだったこと）から、トリガー戦略にしたがって2回目も互いに行動Cを選びます。このこと（前の2回が互いが行動Cだったこと）から、トリガー戦略にしたがって3回目も互いに行動Cを選びます。以下同様に、ずっと互いに行動Cが選ばれます。したがって、利得（の流列）は、双方ともに、

3, 3, 3, 3, 3, ……

となるので、平均利得の極限も3点となります。

次に、プレーヤーBがどこかk回目で初めて行動Dを選ぶような（トリガー戦略とは異なる）戦略を採った場合を考えてみましょう。このとき、k回目はAが行動Cを選び、Bが行動Dを選ぶのでBはこの回、4点の利得を得ます。しかし、$k+1$回目以降は、Aはトリガー戦略にしたがって、ずっと行動Dを選ぶことになってしまいます。するとBは行動Cを選ぶなら0点、行動Dを選ぶなら1点を得ることになります。つまり、Bが一度裏切るとその後、Bは良くて1点しか得られないわけです。

したがって、Bの利得は、最も大きい場合を考えても、

3, 3, ……, 3, 4, 1, 1, 1, 1, 1, 1, ……（4が現れているのがk回目）

となります。このときの平均利得の極限は1となります（3と4が有限個で1が無限個あるから）。したがって、トリガー戦略を採っていた場合に比べて利得が小さくなってしまうわけです。このことから、どこかで行動Dを選ぶような戦略を採るよりは、トリガー戦略を採ったほうが利得は大きいことがわかりました。

もうちょっと直観的に言うと、次のようになります。Bはk回目で裏切ることによって、4点を得られますから、協力するより1点分の得をします。しかし、この裏切りによって、Aはずっと行動Dを選ぶようになってしまうので、良くて1点しか得られなくなります。つまり、1回分1点多く取ったがために、そのあと無限回分、2点分の損害を被ることになってしまいます。これはどう考えても損です。

これはプレーヤーAも同じですから、両者がトリガー戦略を採ることは均衡だとわかります。そして、互いにトリガー戦略を採ると、永遠に協力行動Cが継続されます。

ちなみに、ゲーム回数が有限回では、トリガー戦略は均衡戦略になりません。なぜなら、最後の1回前までの歴史がどうあれ、最後の回は行動Dを選ぶと常に最後の回の利得は大きくなります（行動Dが支配戦略だから）。したがって、最後の回に行動Cを選ぶ戦略は最善ではないのです。

これを理解すると、無限回繰り返すことがどういう意義を持っているかがわかります。最後の回というのが存在しないので、一度の裏切りが引き金となって、その後の無限回の利得を低めてしまうことが、裏切りの抑止として働くというわけなのです。

無限回というのが現実的でない、と思われる読者のために補足しておくと、毎回一定の確率でゲームが終了する可能性を導入しても結果は同じになります。この場合、無限回ゲームが続く確率はゼロなのですが、「次もゲームがあるかもしれない」ということがトリガー戦略を機能させることになるのです。

実験とは食い違う

このような囚人のジレンマゲームの繰り返しゲームについて、理論の正しさを検証する実験が数多く行われました。それらはここでは詳しくは説明しませんが、「公共財ゲーム」と呼ばれるゲームで実験されます。多人数でプレイできるのが利点ですが、このゲームの基本構造は囚人のジレンマゲーム（表10－2が例）の繰り返しゲームと同じものです。

面白いことに、それらの実験では、理論が示唆する均衡が観測されませんでした。

多くの実験で得られた結果をざっくりとまとめると、以下のような特徴になります。

(1)ゲームの1回目ではかなりのパーセンテージ（40～60パーセント程度）の協力行動が見られる

(2)回数を重ねるごとに協力行動は減少する
(3)かなりの割合のプレーヤーがしっぺ返し戦略を用いる

(1)と(2)の結果は、繰り返しゲームの理論の均衡と反対になっています。理論においては、1回だけのゲームでは、全プレーヤーが裏切りを選択するのが均衡です。そして、繰り返しゲームになると、トリガー戦略によって協力を採り続ける均衡が出現します。確かに実験結果と逆になっています。

このような食い違う理由はきちんとは解明されていませんが、(3)の事実がヒントを与えてくれます。しっぺ返し戦略というのは、相手の前回の行動をまねる戦略でした。これは、「相手が善意を見せたら、自分も善意を返す。相手が敵意を見せたら、自分も敵意で返す」と解釈できます。

これをリチャード・セイラーは「互恵主義」と呼んでいます。互恵主義の性向を持つ人々を前提とすれば、第一と第二の事実もある程度は解釈できます。1回目のゲームで協力行動を見せるのは、多くのプレーヤーが「善意を見せて、相手の出方の様子を見る」からだと考えられます。しかし、誰か少数の人たちが裏切り行動を見せはじめると、それが次第に拡がって、協力行動が減少していくのではないでしょうか。

ここからも、人々はゲーム理論が想定するような数学的合理性・論理学的合理性を備えているわけではなく、感情的とも言える社会行動をとると考えられます。

均衡はブロックチェーン上で可能になる

繰り返しゲームの理論と実験との食い違いは、私たちに二つのテーマを与えてくれます。

第一は、理論における均衡戦略を人間が採らないのだとしたら、人間は他のどういう根拠で戦略を選ぶのか、ということ。第二は、ゲーム理論の均衡が人間社会では現実的でないなら、他で何か役立たないか、ということ。

本書では、第二の点に答えます。それは、ゲーム理論の均衡がブロックチェーンでは実現可能だ、ということです。

まず、人間同士のゲームでトリガー戦略が採られないのは、人間は「一度裏切ったら、引き金を引いて、二度と協力しない」なんて性向を持っていないからでしょう。人間は、気が変わりやすいし、「ものは試し」というような行動をとる気まぐれさがあります。そして、相手がどんな「戦略」を採るか、ではなく、相手がどういう「性格」の人間かを気にします。だから、プレイの履歴を永続的に根に持ったりしないし、逆に気分転換のために、過去の裏切りを許してみたりするのでしょう。

他方、ブロックチェーンというのは、履歴の完全記憶によって成り立っています。この完全記憶性こそが、分散性、正真性、時間順序保存性を保証する原理なので、宿命的にそうなるわけです。したがって、ブロックチェーン上にプログラミングによって戦略を書き込めば、無限回繰り返しゲーム（あるいは確率的繰り返しゲーム）のトリガー戦略は紛れなく実現できます。もちろん、しっぺ返し戦略など他の戦略も実現することができます。「前回までの履歴に対応して行動を決める」という繰り返しゲームの戦略の特徴は、そのままブロックチェーンの仕組みと同じだからです。

ビジネスには、長期的な契約関係のものがあります。このような契約で重要なのは、互いの裏切りが存在しないことです。先ほど述べた通り、人間というのは気まぐれですから、ビジネスでの長期的な契約にも契約通りにならないリスクが存在しています。そのために、間に信頼を担保する仲介機関を入れたり、裁判制度があったりします。しかし、ブロックチェーンは、プログラムできる契約システムであり、しかもプログラムを勝手に書き換えられない仕組みになっています。また、戦略をプログラムとして書き込むのであれば、ナッシュ均衡の脆弱性も解決されます。

このような下では、繰り返しゲームの知見をそのまま活かすことができるでしょう。不動産取引、長期的下請け提携、出資契約などに、新しい様相が生まれるはずです。ゲーム理論の研究は、実験経済学（行動経済学）によって、人間行動に関しては否定されてしまったわけですが、ブロックチェーンの出現によって、そちらの世界で活かされる可能性が出てきたわけです。

新しいゲーム理論的な金融空間

現在の金融取引は、70パーセント以上が、コンピューターによる自動取引で行われている、と言われます。これは、「アルゴトレーディング」（アルゴリズムトレーディング）と呼ばれる、プログラムされた高速の取引です。ナノ秒という単位で膨大な取引が繰り返されているそうです。

アルゴトレーディングには、ＨＦＴ（High Frequency Trading：高頻度取引）という手法が存在します。

ＡＩ（人工知能）を使って、ある株に対して買い手のオファーした金額と売り手のオファーした金額の中間の金額で注文を出し、売り手から買って買い手に転売して、利ざやを稼ぐ手法です。株式市場の取引の成立は非常に高速で行われますから、ナノ秒という単位で判断ができなければ、こういう手法は成立しません。ＡＩと高速通信技術によって、こういうことが可能となっているのです。現在の金融は、デリバティブズと呼ばれる複雑な仕組みの金融商品たちが多様に存在します。したがって、有望なトレーディングの方法は高度に数学的でゲーム理論的です。

ブロックチェーンの発明によって、アルゴトレーディングやＨＦＴも新しい領域に突入することでしょう。ブロックチェーン自体がアルゴリズムなのだから、これを利用した新しい金融商品、新しい取引形態、新しい取引戦略が試されると思います。一部のＨＦＴは不可能となるでしょうし、別のＨＦＴが編み出されることにもなるでしょう。

もっと大きな変化としては、新しいシステミック・リスクをも生み出す可能性が心配です。システミック・リスクというのは、金融システム全体が脅かされるような巨大なリスクのことです。例えば、サブプライム・ローンの焦げ付きから起きた二〇〇八年のリーマン・ショックなどがそれにあたります。これは、デリバティブズが引き起こした金融の混乱でした。このようなことが、ブロックチェーンを取り入れた金融から生じるかもしれないのです。

AIというプレーヤー

ゲーム理論とブロックチェーンの関係について、もう一つ面白い着目点があります。それは、「限定合理性」と呼ばれる視点です。

限定合理性というのは、ゲーム理論の研究者の間で議論された、プレーヤーの合理的行動を制限して分析する手法のことです。これまでのゲーム理論では、「プレーヤーは全知全能」のように仮定されてきました。無限に近い知識、数学能力、論理能力を備えている、という仮定です。これはいくらなんでも人間には当てはまらない、として制限をかけよう、という研究がなされたのです。

ブロックチェーン上でゲームの戦略を実現する場合、このことは明確に重要性を帯びてきます。アルゴリズムを実行する際に、計算時間が問題になることはこれまでも述べてきました。計算時間はコストになるから、短いに越したことはないのです。したがって、正確で緻密な計算と、計算にかかる時間量とはトレードオフの関係になります。

アリエル・ルービンシュタインというゲーム理論研究者は、限定合理性の研究の中で、「マシン・ゲーム」という理論を発表しました［文献12］。仮にゲームをAI同士にプレイさせる場合、「戦略の複雑性」が問題になる、というテーマの研究です。

ルービンシュタインは、ゲームの利得に対して、戦略の複雑性をコストと見なし、そのコストをマイナスに勘定するとどうなるかを考えました。専門的にはチューリング・マシン（52ページ）と呼ばれる、アルゴリズムを機械的に実現するAIを設定して、チューリング・マシンの複雑性をコストとして定義したのです。

その上で、複雑性がコストとなる場合のゲームでは、均衡が通常のゲームの均衡とは異なることを証明しました。例えば、マシン・ゲームでは、トリガー戦略はその複雑性のゆえに、均衡になりません。理由をおおざっぱに説明すると、トリガー戦略を採るマシンに対しては、ずっと協力行動Cを採るマシンは複雑性が小さいために、このマシンを選ぶ方がトリガー戦略を採るマシンを選ぶより有利になるからです。

ブロックチェーンは、当然、アルゴリズムの一種ですから、ルービンシュタインのマシン・ゲームの考え方は、そのまま応用できることになるでしょう。実際、ＡＩを使ってアルゴトレーディングを実行するファンドにとって、プログラムの複雑さは計算時間の長さの意味で取引に不利になります。つまり、マシン・ゲームのコスト構造は、そのまま現実のビジネスに直結しているのです。

このようにゲーム理論は、ブロックチェーンの世紀には、新たな思考ツールとして、新たなステージに立っています。

あとがき

本書は、ビットコインを始めとする暗号通貨について、総合解説を試みた本です。暗号通貨は今、非常にホットなトピックなので、集中的にリサーチし多方面から考察できたのは良い経験になりました。

暗号通貨というアイテムは、筆者にとって、このうえなく興味深い素材でした。なぜなら、次のような様相を持っているからです。

(a) 数理暗号というツールを使うので、純粋数学と接点を持つ
(b) 貨幣である、という点で、経済学と接点を持つ
(c) ブロックチェーンという技術によって可能となる、という点で、ゲーム理論と親和性がある
(d) プログラム可能という意味で、数学基礎論（数理論理学）と関係を持つ
(e) オープンソースと関係するという意味で、「どういう社会が望ましいか」という社会選択の問題とかかわる

(f)アルゴトレーディングに応用できる、という意味で、数理ファイナンスと関係する

これらはみな、筆者の大好物でした。これまで筆者は、RSA暗号、楕円曲線の数学、貨幣論、ゲーム理論、数学基礎論、金融トレーディングについて、それぞれ別個に書籍化してきました。今回は、これらの素材すべてを暗号通貨という一本の剣で貫く、という作業となり、大変ではあったものの、とても楽しい仕事でした。

とりわけ、貨幣論については、筆者の経済学者としての研究分野であり、いつか総合的に論じてみたいと思っていました。経済学者ケインズが主張して以来、「お金が不況の真因であろう」という考えが経済学者たちの間で盛んに議論されてきました。それには、「お金が世の中でどんな役割を果たしているか」を分析すべきなのは言うまでもありません。そのためには、「そもそも、一枚の紙切れをお金たらしめているものは何か」ということを解明する必要があります。筆者は現在、それについての論文を準備しているのですが、本書を執筆するにあたって貨幣についての経済理論の論文をサーベイできたことは、自分の研究にも有意義なことでした。

もう一つの筆者の成果は、プログラマーのソサエティについての知見を深められたことです。第3章で論じましたが、プログラマーたちの間には、オープンソースとプロプライエタリという思想的な対立が存在します。前者は、ソフトウェアは無料で誰でも利用できるべきだという考え方（コピーレフト）であり、後者は製作者が所有権を主張する考え方です。前者は、言ってみるなら、宇沢弘文先

生の主張するような「社会的共通資本を基軸とする社会」を標榜するものであり、後者はがちがちの資本主義社会に与するものと言えます。インターネットやソフトウェアの視点から、この二つの思想を比較検討したのは、筆者にとって刺激的な経験でした。

暗号通貨の土台となっているブロックチェーンは、ＡＩ（人工知能）と並んで、今後二〇年くらいのスパンで、世界のあり方を根本から変えてしまうでしょう。本書がその予言の一端を担えることを祈ります。

本書を執筆する上で、暗号通貨、ブロックチェーン、オープンソースと言った最新のテクノロジーについて、大学生の息子（本人の希望により匿名とします）にいろいろ教えてもらいました。ここに感謝いたします。また、本書は、講談社学芸クリエイトの今岡雅依子さんに、企画・編集していただきました。彼女とは、別の出版社で一緒に仕事をしたことがあり、その頃から、「優れた編集者だな」と感じていましたが、今回は本当にそれを実感しました。読者の皆さんが、本書をエキサイティングな本と評価してくださるなら、その多くの部分は今岡さんの工夫によるものと言えます。

二〇一八年一二月　ビットコイン価格の乱高下の中で

小島寛之

参考文献

書籍

[1] ドン・タプスコット、アレックス・タプスコット『ブロックチェーン・レボリューション』髙橋璃子・訳、ダイヤモンド社、2016年。

[2] 赤羽喜治、愛敬真生『ブロックチェーン 仕組みと理論』リックテレコム、2016年。

[3] 小島寛之『宇沢弘文の数学』青土社、2018年。

[4] 坂井豊貴『多数決を疑う』岩波新書、2015年。

[5] ケネス・S・ロゴフ『現金の呪い』村井章子・訳、日経BP社、2017年。

[6] 小野善康『金融』岩波書店、2009年（第2版）。

[7] 山室恭子『江戸の小判ゲーム』講談社現代新書、2013年。

[8] グレゴリー・マンキュー『マンキュー　マクロ経済学』（入門篇・応用篇）足立英之・他訳、東洋経済新報社、2003―2004年（第2版）。

[9] 小島寛之『数学的思考の技術』ベスト新書、2011年。

[10] 小島寛之『ゼロからわかる　経済学の思考法』講談社現代新書、2012年。

[11] リチャード・セイラー『セイラー教授の行動経済学入門』篠原勝・訳、ダイヤモンド社、2007年。

[12] Ariel Rubinstein（アリエル・ルービンシュタイン）『限定合理性のモデリング』兼田敏之・他訳、共立出版、2008年。

[13] 小島寛之『世界は素数でできている』角川新書、2017年。

[14] 小島寛之『世界を読みとく数学入門』角川ソフィア文庫、2008年。

[15] 有田正剛・他『暗号理論と楕円曲線』森北出版、2008年。

論文

[16] Samuelson, P. A., (1958) "An Exact Consumption-Loan Model of Interest with or without the Social Contrivance of Money", *the Journal of Political Economy*, 66-6, 467-482.

[17] Doepke, M., Schneider, M., (2017) "Money as a Unit of Account", *Econometrica*, 85-5, 1537-1574.

[18] Kocherlakota, N. R., (1998) "Money is Memory", *Journal of Economic Theory*, 81-2, 232-251.

[19] Kiyotaki, N., and, Wright, R., (1989) "On Money as a Medium of Exchange", *the Journal of Political Economy*, 97-4, 927-954.

[20] Kiyotaki, N., and, Wright, R., (1993) "A Search Theoretic Approach to Monetary Economics", *American Economic Review*, 83-1, 63-77

次に、点 B＝bP を計算し、楕円曲線の式、P，B を公開鍵として公開する。

ステップ2：アリスは乱数 a を選び、A＝aP を計算する。
また、メッセージを楕円曲線上の点 M として表現し、ボブの公開鍵 B を使って、C＝M＋aB を計算して、それを暗号文とする。
ボブに、(A, C) を送る。

ステップ3：ボブは、送られた A と C から、次のような計算をして復号を行う。すなわち、
bA を計算して、C から引き算する。なぜなら、
$$C - bA = M + aB - b(aP) = M + abP - abP = M$$

秘密鍵 a と b を知らない第三者は、A と C を知っても M を知ることは不可能です。それは、A から a を知ることが不可能だからです。

楕円曲線暗号は、このように共通鍵を作ったりでき、また、指数計算よりずっと計算が簡単なこともあって、RSA 暗号よりも利便性があると言われています。

線というものなのですが、原理的には大して違わないので、これについては詳しく説明しないことにします［詳細は文献 15 を参照］。

楕円曲線暗号の原理は、点 P と点 P の倍算である aP とを知っても、それから a を逆算することが非常に困難で不可能であることです。この性質は素因数分解が困難であることと似ています。その不可逆性を使って、暗号を作るのです。

まず、2 人にユーザーの共通鍵というものを作る方法を説明します。

アリスとボブの 2 人のみが知る共通の鍵を作る場合、次のようにします。

ステップ 1：楕円曲線の方程式、および、素数回足すとゼロ（O_∞）になる点 P を公開鍵とする。

ステップ 2：アリスとボブは、それぞれ乱数 a と b を選んで、秘密鍵とする。
そして、点 A＝aP、点 B＝bP をそれぞれ計算して、公開されたチャネルを通して互いに送る。

ステップ 3：アリスはボブから受け取った B を a 倍して aB を計算する。
ボブはアリスから受け取った A を b 倍して、bA を計算する。
これら 2 つの点は同一の点になる。なぜなら、
$b\mathrm{A}=b(a\mathrm{P})=ab\mathrm{P},\ a\mathrm{B}=a(b\mathrm{P})=ab\mathrm{P}$
となるから。

このようにアリスとボブがそれぞれ計算した点たちは、アリスとボブのみが知る共通鍵となります。なぜなら、A と B と P を知っても、abP を計算するのが不可能だからです。

次に、この方法を使って暗号を作り、それを復号するための次のような手続きを説明しましょう。以下のようにします。

ステップ 1：ボブは乱数 b を選び、自分の秘密鍵とする。

足し算やゼロや負数にあたるものがみごとに定義され、整数の足し算と同じような法則が実現されました。

楕円曲線の巡回点

楕円曲線の足し算には、整数の足し算にはない性質があります。それは、ゼロ（O_∞）でない点の有限個の足し算がゼロ（O_∞）になることがある、ということです。

すなわち、例えば、

$P+P+P=O_\infty$

などです。この場合は、P＋P＝2P、P＋P＋P＝3P などと記すことにすれば、

$4P=3P+P=O_\infty+P=P$

という計算で、4P は P と同じになりますから、P をどんどん足していくと、

$P \to 2P \to 3P \to P \to 2P \to 3P \to P \to$

という巡回する点が得られるのです。

楕円曲線暗号は、この倍算が巡回することを利用します。

楕円曲線を暗号に利用する

さて、楕円曲線が足し算を持っていることから、これを暗号に使うことができます。以下、暗号の仕組みを簡単に解説します。

楕円曲線暗号は、1985 年頃に、ビクタ・ミラーとニール・コブリッツによって、ほぼ同時に発明されました。ここでは、「ディフィー・ヘルマン鍵共有方式」を説明します。使う楕円曲線は、有限体上の楕円曲

か、ということです。

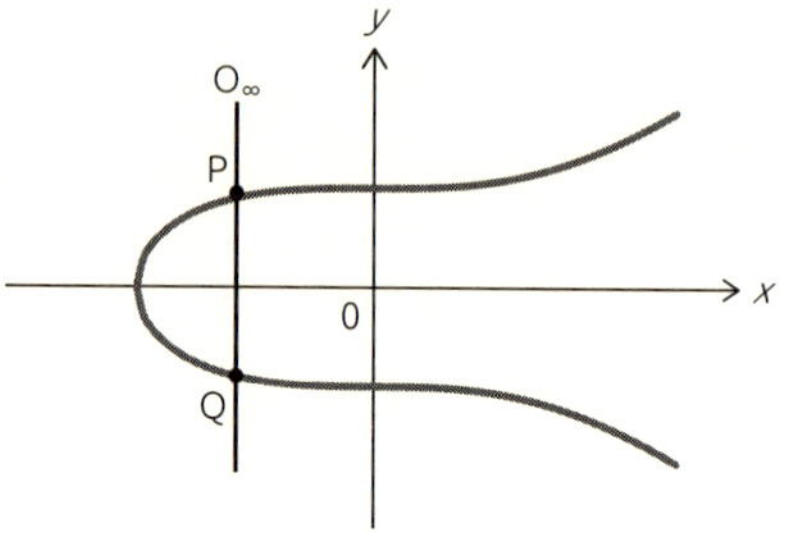

図H-4

このときは、直線PQは縦線になる（y軸に平行になる）ので、楕円曲線と交点を持たないように思います。

ここで、実は楕円曲線というのが、平面外の点を通るという定義を付け加えます。それは、「無限遠点」と呼ばれ、平面から無限の遠くにある1点です。無限遠点をO_∞と記します。ちなみに、無限遠点O_∞の対称点は自分自身です。

そして、対称の位置にあるPとQに対し、直線PQと楕円曲線の交点は無限遠点O_∞であり、O_∞の対称点も無限遠点O_∞なので、

$$P+Q=O_\infty$$

となるのです。この無限遠点O_∞は、数で言うと、ゼロと同じ役割を果たします。なぜなら、

$$P+O_\infty=P$$

が任意のPに対して成り立つからです。

実際、図H-4において、PとO_∞を結んだ直線は直線PQであり、それと楕円曲線の交点はQで、その対称点はP自身となります。したがって、Qは$-P$と解釈できます。

このようにして、（無限遠点を持つ）楕円曲線上の任意の点たちに、

が成り立つこと。それから、「どこを優先して足し算しても結果は同じ」という結合法則、すなわち、

(A+B)+C=A+(B+C)

が成り立つのです。

最初の交換法則のほうは図から明らかですが、2番目の結合法則は全く不思議です。これが成り立つことの証明は非常に難しいです。数学者はよくこんなことに気づいたものだと感心してしまいます。本書のレベルでは、この証明を与えることはできないので、知りたい人は、楕円曲線の専門書にあたってください。

ゼロにあたる点

前節で楕円曲線の点の足し算を定義しましたが、いくつか残された問題があります。第一は、同じ点の足し算、つまり、P+Pです。これは、図H−2で点Qを点Pに近づけていくことで、なんとなくわかります。

QをPに近づけていくと、直線PQはPにおける楕円曲線の接線に近づくでしょう。したがって、P+PはPにおける接線と楕円曲線との交点Rの対称点Sと定義されることがわかります（図H−3）。

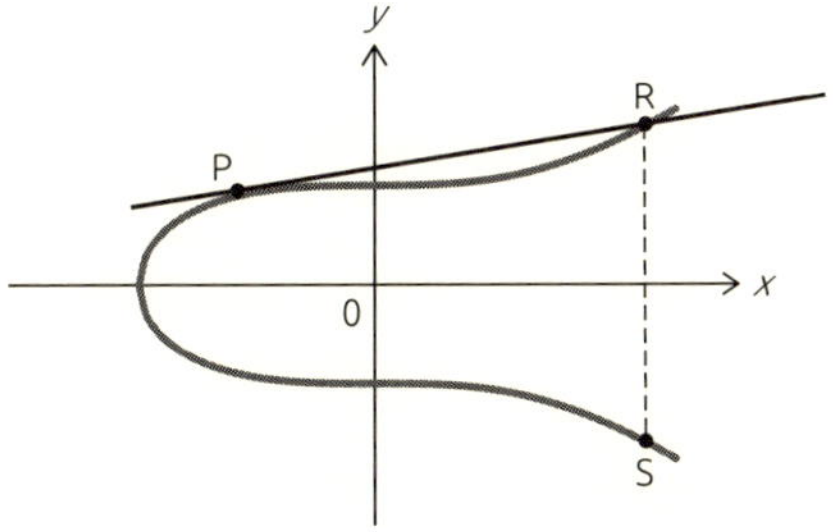

図H−3

もうひとつの問題は、PとQが対称点の位置にあるときはどうする

楕円曲線上の足し算

楕円曲線上の2つの点PとQが与えられたとき、P+Qの結果にあたる点Sは次のように定義されます。

図H－2を見てください。

楕円曲線上の点PとQを任意に選びます。その和P+Qとなる点は、次のように作図されます。

まず、PとQを結んで、直線PQを作ります。次に、直線PQと楕円曲線の交点Rを作図します。さらに、楕円曲線における点Rの対称点Sを作図します。この点Sが、PとQを足し算した結果と定義するのです。すなわち、

P+Q=S

ということです。

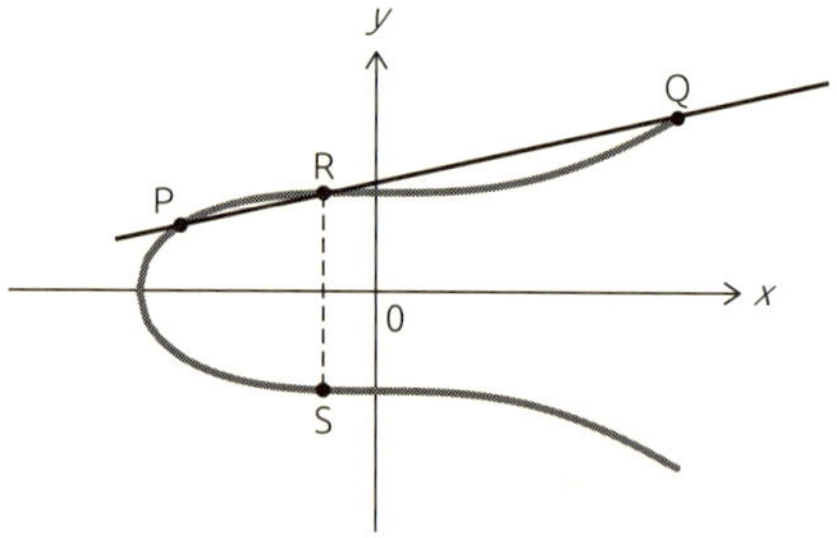

図H-2

このような不思議な作図で定義するのには、深い理由があります。この作図で定義される足し算は、普通の数の足し算と同じ性質を備えているからです。

それは、「足す順番を逆にしても同じ」という交換法則、すなわち、

A+B=B+A

研究が進んだ数学のアイテムです。楕円曲線とは、平面上の特定のグラフのことで、いわゆる楕円とは無関係です。

$y^2=$（x の 3 次式）

という式で定義された方程式の解となる点 (x, y) を平面上にプロットして得られます。

例えば、

$$y^2=x^3+17$$

の場合、グラフは図 H−1 のようになります。

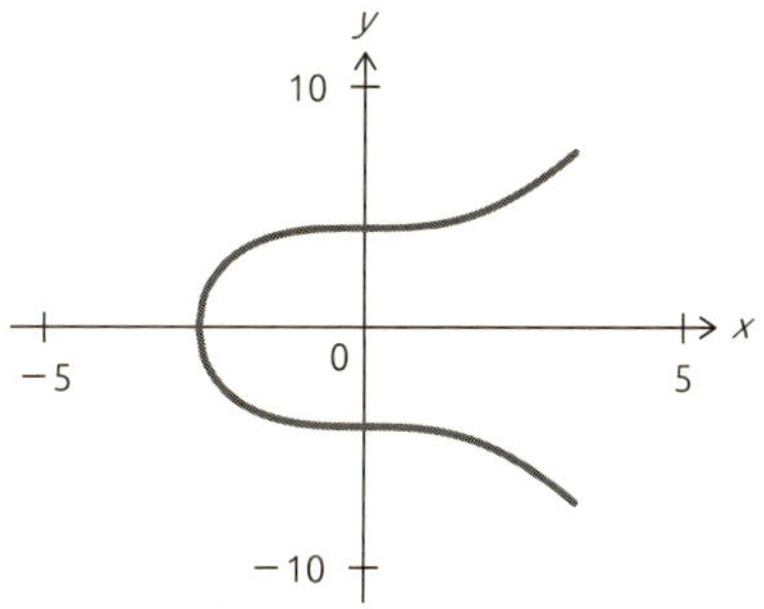

図H-1

図を見れば、上下対称であることがわかるでしょう。一般に、楕円曲線は上下対称（x 軸に関して対称）であり、このことが重要になります。

楕円曲線は実に興味深い性質を持っています。それは、楕円曲線上の点たちに対して、「足し算」にあたる計算を定義できる、ということです。すなわち、「点」＋「点」を計算して、「点」を得ることができるのです。次節で、その仕組みを説明しましょう。

0000998556

のようなハッシュ値の出力に成功した者が、ビンゴ、となるわけです。ビンゴを出した採掘者は、報酬をビットコインで得ることができます。

ハッシュ値は、原理的に一方通行（逆算不可能）なので、最初の4ケタに0が並ぶハッシュ値を得るには、やみくもにさまざまな情報を入力してみるしかありません。スロットマシンのレバーを引き続けるのと、ほぼ同じ作業になります。ビットコインでは、平均的に10分程度の時間がかかるような「ハッシュ値についての問題」が設定されるようです。ビンゴが起きると、それは参加者全員に伝達され、新しいブロックが参加者全員で共有されることになります。

このような演算量証明によってビットコインの取引の成立が認証されるのは、ビットコインの取引が、採掘を通じて、多数決原理によって認められるようにするためです。ビットコインの途中のブロックの内容を改竄した場合、それより後の演算量証明をすべてやり直さないとなりません。各ハッシュ値の修正に約10分かかるので、真実のブロックの延びる勢いにとても追いつくことができません。これによって不正を防ぐことができるのです。

以上のように、ビットコインではハッシュ化を多重的に、実に巧みに利用しています。また、P2Pによる分権的管理を可能にしているのが、この演算量証明という多数決原理であり、これも非常にみごとなアイデアと言えましょう。

楕円曲線暗号とは

最後に楕円曲線暗号について解説しましょう。

数理暗号としては前述のRSAが有名ですが、今では利便性から楕円曲線暗号が使われています。

楕円曲線は、17世紀のフェルマーが研究を始め、19世紀頃に急速に

10ケタの数に変換されました。数の並び順をずらすことと、一部分を関数で変換することで、かなりはずれた数が生成されることになるわけです。このような変換の仕方は、カオスを生み出す変換と似通っています。

見てわかるように、外から入力される情報（この場合は、「ひろ」）は、ハッシュ値をどうかき回すか、ということを指定するものです。したがって、公開鍵暗号とは根本的に違っています。公開鍵暗号では、入力される情報そのものが変換されるからです。

しかし、ハッシュ化されてできる数値（この場合は、0379998556）は、外から入力される情報（この場合は、「ひろ」）の影響によって作られるので、外から入力される情報の「分身」「化身」だと見なすことができます。前に解説したように、ハッシュ化は一対一対応ではないので、1つの数値、例えば、0379998556をハッシュ化によって生み出す元の情報は、「ひろ」以外にもあります。しかし、情報量が大きいので簡単にはそういう代替物は見つからないため、おおよそ安全なのです。

採掘におけるハッシュ化の役割

ビットコインの取引、すなわち、AさんからBさんへのビットコインの譲渡は、PoW（演算量証明）という技術で実行されることを第1章で説明しました。PoWとは、ビットコインの取引を成立させる「採掘《マイニング》」のことです。AさんからBさんへビットコインの譲渡が申請されると、新しいブロックが生成されます。そのブロックは、P2Pの参加者の誰かが採掘に成功したとき、承認され固定されることになるのです。

採掘は、ハッシュ化によって行われます。採掘者は、「ひろ」など、さまざまな情報を入力し、それがブロック内の情報と合体されてハッシュ関数に入力され、その合体情報によってかき回されたハッシュ値が返されます。そして、例えば、最初の4ケタが0となるようなハッシュ値を出力した者が勝利となります。つまり、

|12|34|56|78|90|

次に、入力された情報を、例えば「ひろ」とします。本当は、これを数値に直すのですが、面倒なのでこのままにします。

入力「ひろ」を2文字に分解します。「ひ」「ろ」というふうです。そして、1番目に「ひ」を利用して（引数として）、10ケタの数を別の10ケタの数に変換します。

2番目に「ろ」を利用して（引数として）、その10ケタの数をさらに別の10ケタの数に変換します。

各変換は、

・各2ケタのブロックを1ブロックずつずらすこと、

・第1ブロック、第3ブロックの2ケタの数を特定の関数で別の2ケタの数に置き換えること、

の2つの操作から成ります。例えば、次のような感じになります。

|12|34|56|78|90|
↓
|90|12|34|56|78|　　1ブロック分のずらし
↓
（「ひ」を利用して変換）
↓
|79|12|85|56|78|　　（90が79に変化、34が85に変化）
↓
|78|79|12|85|56|　　1ブロック分のずらし
↓
（「ろ」を利用して変換）
↓
|03|79|99|85|56|　　（78が03に変化、12が99に変化）

以上によって、1234567890という10ケタの数が0379998556という

異なる数値になる」ということです。そのためには、普通の関数を使うわけにはいきません。例えば、先ほど例に出した「2倍して1を引く」関数 $y=2x-1$ は、このような性質を満たしません。

例えば、入力 x が0.501の場合は、

$$0.501 \rightarrow 0.501\times2-1 \rightarrow 0.002$$

のように変換され、入力 x が0.502の場合には、

$$0.502 \rightarrow 0.502\times2-1 \rightarrow 0.004$$

ですから、0.002と0.004という非常に近い数となってしまいます。これは、関数 $y=2x-1$ が「連続性」という性質を備えているために起きることです。

「入力がちょっと違うだけで、変換された出力値が全く見かけの異なる数値になる」という性質を持つ変換で有名なものに、「カオス」と呼ばれるものがあります。カオスは、気象現象などに現れ、「今日、北京で蝶がはばたけば、1ヵ月後にニューヨークで嵐が起きる」というような喩え話で説明されます。要するに、「入力の小さな差が、出力を大きく攪乱する」ということです（カオスについては、例えば［文献14］を参照）。

ハッシュ化を精密に説明することは本書には不要なので、おおざっぱにどんな感じかを提示するに留めます。

ハッシュ化は、入力された数から一定ビット（ケタ数）の情報を生み出すことなので、ここでは、10ケタの10進数を生み出すとして説明します（本当は16進数などのコンピューター特有の進法を用いますが、わかりやすくするためです）。初期のハッシュ値を、

1234567890

としておきます。さらに、この10ケタの数値を2ケタずつに区切ります。

れは20で割ると1余ります。このように選んだrとsが、先ほどの性質を満たすのは、「オイラーの定理」という数学の定理に依拠しています。この定理は紹介しませんので、詳しくは拙著『世界は素数でできている』〔文献13〕などを参照してください。

さて、公開鍵Nとrを知った人が、秘密鍵sを知るにはどうすればよいでしょうか。当然、数mを知る必要があります。$m=(p-1)(q-1)$でしたから、mを知るには、数$p-1$と数$q-1$を知らなければなりません。ということは、素数pとqをそれぞれ知る必要が出てきます。

ポイントは、Nを知っていることからpとqがわかるか、ということです。$N=pq$ですから、Nから素数pとqを知る、ということは、Nを素因数分解する、ということと同じです。ここにsが求められない秘密があるのです。

実は、コンピューターで素因数分解を行う効率的なアルゴリズムは、現在のところ見つかっていません。最も簡単な素因数分解のアルゴリズムは、2以上の整数で順々に割っていく、というものですが、これには膨大な時間がかかることは誰にでも明らかでしょう。

これよりはずっとマシなアルゴリズムもいろいろ見つかってはいます。「AKSアルゴリズム」とか、「ポラードの$p-1$法」とか、「数体ふるい法」などです（前掲の拙著を参照のこと）。

しかし、これらのアルゴリズムは、ある特定の種類の整数にだけ有効なもので、とりわけ大きな素数2個の積のような整数には有効ではありません。したがって、$N=pq$から素数pと素数qを知るアルゴリズムは、現状では存在しないと言っていいのです。これが、RSA暗号が不可逆的であり、一方通行の暗号となる理由です。

ハッシュ化とはどうやるのか

次にハッシュ化について説明しましょう。ハッシュ化が持つ大事な性質は、「入力がちょっと違うだけで、変換された出力値が全く見かけのの変換則に従い、（02＝）2と数値化されます。次に、2を7乗（r乗）して、33（＝N）で割った余りを出します。2の7乗は128だから33で割ると余りは29です。この29が暗号化された「い」なのです。

暗号化：2→（7乗し33で割った余り）→29

では、暗号29を元に戻す（復号する）には、どのようにするのでしょうか。それには秘密鍵s=3を使います。29を3乗（s乗）して33で割った余りを出します。29の3乗は24389であり、33で割ると余りは2。確かに元の数2に戻っています。

復号：29→（3乗し33で割った余り）→2

ということです。非常に簡単ですね。

なぜ、一方通行なのか

RSA暗号が一方通行となっている理由はなんでしょうか。それは、公開鍵rと秘密鍵sの選び方にあります。

素数pとqを選んだら、公開鍵Nを積pqとすることは説明しましたが、rとsは次のように選ぶのです。

素数pとqから、整数$m=(p-1)(q-1)$を計算します。そして、m以下でmと互いに素な（つまり、1以外に公約数を持たない）整数rを任意に選びます。次に、整数sは、積rsがmで割ると1余る数として選びます。このようなsはm以下ではrに対して一意的に決まります。

先ほどの例p=3、q=11の場合で見てみましょう。この場合、

$$m=(p-1)(q-1)=(3-1)(11-1)=2\times10=20$$

です。rはm=20と互いに素な数として、7を選んだとしましょう。すると、7に掛けて20で割ると余り1になる（20以下の）数sは、s=3と一意的に決まってしまいます。たしかに、7×3=21となっていて、こ

Nで割って余りを出し、それをs乗してNで割った余りを出すと元に戻る」ということでしたが、順番を逆にして、「s乗してNで割って余りを出し、それをr乗してNで割った余りを出すと元に戻る」も成り立つのです。

例えば、数zを秘密鍵sで暗号化してwを作る場合、すなわち、

z→（z^sをNで割って余りを出す）→w

のとき、暗号wを公開鍵rで復号することができるのです。すなわち、

w→（w^rをNで割って余りを出す）→z

です。この原理を使うことで、電子署名が可能となります。すなわち、あなたがあなたのIDをzという数字に変換して、それを秘密鍵sで暗号化したwをビットコインに電子署名します。すると、誰もが、公開鍵rを使って、wをあなたのIDであるzに復号することが可能です。しかし、公開鍵rでzに戻るような元の数wを得ることは、秘密鍵sを知っている人にしかできません。したがって、署名したのが秘密鍵sを知っているあなた以外にありえないことが検証されたことになります。

簡単な具体例を見てみよう

簡単な具体例をお見せしましょう。

RSA暗号では、2つの異なる素数pとqを用います。実際のpとqは巨大な素数から選ばれるのですが、紙面では無理なので、ここでは、2つの素数を$p=3$と$q=11$と設定します。そして、この2つの素数の積pqを公開鍵Nとします。すなわち、公開鍵Nは$N=3\times11=33$となります。Nと組になる公開鍵rは、ここでは$r=7$としておきます。公開鍵が$r=7$の場合、秘密鍵は$s=3$と決まります。これらrとsの選び方は後で解説します。

ここで、ひらがな「い」を暗号化しましょう。まず、「い」は先ほど

暗号化の仕組みそのものは簡単です。「与えられた数を、べき乗し、整数で割った余りを出す」だけです。たったこれだけのことで、「一方通行の仕組み」を作れるのだから不思議ですね。以下、詳しく説明します。

まず、整数Nと整数rをあらかじめ準備しておきます。その上で、暗号化したい文章を数字に置き換えます。例えば文章中の各ひらがなを「あ→01、い→02、う→03、……」などのように、数字に置き換えていけば、文章が巨大な整数に変換されます。このような「文章の数値化」をxとしましょう。このxをr乗した数を整数Nで割った余りを計算し、結果をyとします。このyが暗号となるのです。

x→（x^rをNで割って余りを出す）→y

暗号yを元のxに戻すには、秘密の数である整数sを用います。暗号yのs乗をNで割った余りを求めれば、それが元の数値xに戻ります。

y→（y^sをNで割って余りを出す）→x

ちなみに、Nを巨大な数とすれば、文章を数値化したxは、Nより小さい数と仮定することができます。そうすれば、Nで割って余りがyとなる数は唯一となるので、xとyが一対一対応をし、情報量が保たれることになるわけです。

この整数Nとrの組（N, r）が序章で述べた「公開鍵」にあたります。一方、整数sが「秘密鍵」にあたります。誰もが公開されているNとrから数値x（文章を数値化したもの）を数値yに暗号化できます。しかし、秘密鍵sを知らなければ、数yを数xに戻すことができません。厳密に言えば、原理的には可能であるのですが、コンピューターを使ってさえも実用的な時間単位では不可能、ということなのです。また、公開鍵（N, r）から秘密鍵sを直接的に類推することも不可能です。

ここで面白いのは、「r乗して余りを出すこと」と「s乗して余りを出すこと」とが、交換可能になることです。さっきの説明は、「r乗して

数 x →仕組み F →数 y

において、x を 3 とすると、

3 → 3×2－1 → 5

というふうに 5 に変換され、y が定まります。一般には、y は $2x-1$ と等しくなりますから、この関数は、

$y=2x-1$

という関係式でも表現されます。さらには、

$F(x)=2x-1$

と表すこともあります。

公開鍵暗号もハッシュも、このような「関数」の仲間です。

RSA 暗号による公開鍵暗号

電子署名とは、序章で述べたように、署名した人物が誰であるかを保証できる技術です。電子署名に用いる公開鍵暗号には、いくつかの種類があります。現在のビットコインの電子署名では、「楕円曲線暗号」と呼ばれる技術が利用されています。まず、ここでは、公開鍵暗号として最初に考え出された RSA 暗号を紹介し、楕円曲線暗号はこの章の最後に説明します。

RSA 暗号は、MIT の 3 人の計算機科学者、リヴェスト、シャミア、エーデルマンによって 1970 年代に考え出されました。

RSA 暗号の特徴は、「誰でも、公開された鍵から、同じ文章を同じ暗号に変換できる」ことと、「暗号化された文章を元に戻すことは公開者一人にしかできない」という 2 点にあります。これが可能なのは、序章で説明したように、暗号化の鍵と復号の鍵が別になっているからです。

補章　公開鍵暗号とハッシュ関数

この補足の章では、公開鍵暗号の原理と、ハッシュの原理を説明します。公開鍵暗号には、RSA暗号と楕円曲線暗号があるので、両方を説明します。

暗号化とは、要するに関数

以下、公開鍵暗号とハッシュ化の仕組みの解説をしますが、その前に、「関数」という数学アイテムの簡単な説明をしておきましょう。

公開鍵暗号にせよ、ハッシュ化にせよ、「与えられた数字を別の数字に置き換える」という点では同じであり、それは数学における「関数」にあたります。関数というのは、数 x が与えられたとき、一定の規則でそれを数 y に変換する仕組みのことです。関数をFという記号で書くなら、

数 x →仕組みF→数 y

というふうです。数学ではこれを

$y=F(x)$

と記します。関数記号をFという記号で書くことが多いのは、Function（英語での「関数」）に由来しています。したがって、他の文字、例えば、$G(x)$ などでもかまいません。例えば関数Fが、数 x を2倍して1を引く仕組みの場合、

小島寛之（こじま・ひろゆき）

一九五八年、東京都生まれ。東京大学理学部数学科卒業。同大学大学院経済学研究科博士課程単位取得退学。経済学博士。現在、帝京大学経済学部経済学科教授。数学エッセイストとしても活躍し、複雑な数理の世界へのわかりやすい解説に定評がある。

著書に、『経済学の思考法』『文系のための数学教室』『数学でつまずくのはなぜか』（いずれも講談社現代新書）、『世界は2乗でできている』（講談社ブルーバックス）、『世界は素数でできている』（角川新書）、『宇沢弘文の数学』（青土社）ほか多数。

暗号通貨《あんごうつうか》の経済学《けいざいがく》

21世紀《せいき》の貨幣論《かへいろん》

二〇一九年　一月一〇日　第一刷発行

著者　小島寛之《こじまひろゆき》

発行者　渡瀬昌彦

発行所　株式会社 講談社
東京都文京区音羽二丁目一二―二一　〒一一二―八〇〇一
電話（編集）〇三―三九四五―四九六三
（販売）〇三―五三九五―四四一五
（業務）〇三―五三九五―三六一五

装幀者　奥定泰之

本文データ制作　講談社デジタル製作

本文印刷　信毎書籍印刷 株式会社

カバー・表紙印刷　半七写真印刷工業 株式会社

製本所　大口製本印刷 株式会社

ISBN978-4-06-514495-4　Printed in Japan
N.D.C.337　188p　19cm

講談社選書メチエ　刊行の辞

書物からまったく離れて生きるのはむずかしいことです。百年ばかり昔、アンドレ・ジッドは自分にむかって「すべての書物を捨てるべし」と命じながら、パリからアフリカへ旅立ちました。旅の荷は軽くなかったようです。ひそかに書物をたずさえていたからでした。ジッドのように意地を張らず、書物とともに世界を旅して、いらなくなったら捨てていけばいいのではないでしょうか。

現代は、星の数ほどにも本の書き手が見あたります。読み手と書き手がこれほど近づきあっている時代はありません。きのうの読者が、一夜あければ著者となって、あらたな読者にめぐりあう。その読者のなかから、またあらたな著者が生まれるのです。この循環の過程で読書の質も変わっていきます。人は書き手になることで熟練の読み手になるものです。

選書メチエはこのような時代にふさわしい書物の刊行をめざしています。

フランス語でメチエは、経験によって身につく技術のことをいいます。道具を駆使しておこなう仕事のことでもあります。また、生活と直接に結びついた専門的な技能を指すこともあります。

いま地球の環境はますます複雑な変化を見せ、予測困難な状況が刻々あらわれています。

そのなかで、読者それぞれの「メチエ」を活かす一助として、本選書が役立つことを願っています。

一九九四年二月　　野間佐和子